미래를 읽는 리더

미래를 읽는 리더

세계를 뒤흔든 15인이 조망한
우리의 미래

조선일보
미래기획부

지음

알에이치코리아

조선일보가 주최하는 아시안리더십콘퍼런스(ALC)에는 정치, 경제, 경영, 문화 등 각 분
야의 글로벌 리더들이 참여해 오늘을 읽고 미래를 이끌어갈 경험과 지혜를 나눈다.
2015년 5월 19일 서울 신라호텔에서 열린 제6회 콘퍼런스 개회식 모습. 맨 앞 테이블
왼쪽부터 탕자쉬안 전 중국 외교담당 국무위원, 셰이카 모자 빈트 나세르 카타르재단
이사장(카타르 국왕 모친), 반기문 유엔 사무총장, 박근혜 대통령, 나렌드라 모디 인도 총
리, 간 나오토 전 일본 총리, 척 헤이글 전 미국 국방장관.

작은 별들이 반짝이는 미래
리더의 혜안으로 내다보다

중국 알리바바 그룹의 마윈 회장은 처음 인터넷 사업에 뛰어들기로 결심했던 때를 이렇게 기억합니다. "작은 아파트에 친구들을 불렀어요. 23명에게 차례로 인터넷 상거래 사업 아이디어를 설명했지요. 단 한 명도 예외 없이 말리더군요. '제발 하지마'라고요."

마윈은 "그렇지만 나는 스스로를 믿었다"고 했습니다. 그는 열악한 인프라의 한계를 넘어 폭발적으로 성장하는 중국 경제를, 그 속에서 전자상거래 사업이 가진 잠재력을, 나아가 그 흐름을 주도해갈 자신의 준비와 능력을 믿었습니다. 지금 3만4천 명이 일하는 알리바바의 웹사이트에는 매일 1억 명이 접속하며, 중국에서만 1천4백만 명의 간접 고용을 창출했습니다. 마윈은 2015년 5월 조선일보가 주최한 제6회 아시안리더십콘퍼런스에서 기조 강연을 하면서 "앞으로 알리바바는 전 세계에서 4천만 개의 새로운 일자리를 만들어낼 수 있을 것"이라고 자신했습니다.

세계는 불확실성이 일상이 된 새로운 노멀New Normal의 시대로 접어들었습니다. 어제의 강자가 어느날 갑자기 몰락하고, 생각지 못했던 새로운 강자들이 위풍당당하게 등장하고 있습니다. 개인과 사회의 전망은 시시각각 바람의 방향이 변하는 망망대해 한가운데 놓인 조각배 같습니다. 미래는 이전에 겪어보지 못한 짙은 안개에 휩싸인 것처럼 보입니다. 구름 사이로 빛나는 별들을 읽어 항로를 잡는 노련한 뱃사람처럼, 길잡이가 되어줄 리더의 혜안이 어느 때보다 절실한 때입니다.

2015년 아시안리더십콘퍼런스의 주제는 '한반도의 미래를 여는 새로운 힘'이었습니다. 세계를 이끌어왔으며 앞으로 이끌어갈 다양한 분야의 리더들이 한자리에 모여 자신들의 경험과 지혜를 나누어 주었습니다. 모두가 각자의 분야에서 쌓은 경험과 이뤄낸 성취로 존경받는 명사들입니다. 이 책에는 마윈 알리바바 회장을 필두로 강연과 인터뷰를 여섯 가지 주제에 나눠 담았습니다.

진짜 중국

요즘은 모두가 중국을 말합니다. 하지만 정작 진짜 중국에 관해서는 아무도 자신 있게 말하지 못합니다. 중국에서 20여 년 외국인으로 살면서 중국을 속속들이 들여다본 후룬 리포트 발행인 루퍼트 후거워프는 궁금했던 '진짜 중국'의 속살을 보여드릴 것입니다. 그는 "중국 부호 50명을 분석해 진짜 중국을 들여다보겠다"는 야심찬 계획을 세우고 중국 부자 순위 보고서로 유명한 후룬 리포트를 만든 인물입니다. 자녀 교육, 명품 쇼핑, 해외 부동산 투자, 골동품에서 현대미술품에 이르는 수집 습관 등 중국 부호들의 라이프스타일까지 꼼꼼히 들여다봅니다. 또 중국의 손꼽히는 경영대학원인 장강상학원(CKGSB)의 간지에 교수는 중국 주식시장의 허(虛)와 실(實)에 대해 깊은 이야기를 들려 드립니다. 중국 증시는 연평균 수익률이 18%에 달했지만, 10명 중 7명이 돈을 잃는 무서운 시장이기도 합니다.

문화 지형도의 변화

문화산업의 패러다임 변화에 관한 이야기는 '어벤저스'와 '아이언맨' 시리즈 영화로 익숙한 '마블'로 시작합니다. 이 회사는 1990년대 한 차례 파산 위기를 겪었지만, 지금은 세계 최고의 엔터테인먼트 기업으로 거듭났습니다. 76년째 하나의 커다란 스토리를 연결된 형태로 계속 내어놓으면서도, 종이 매체의 한계를 뛰어넘어 디지털 환경에 성공적으로 적응했습니다. 마블의 C. B. 세블스키 부사장이 그 비밀을 직접 알려 드립니다. 세상에 없던 새로운 공연을 만들어낸 '태양의 서커스' 설립자 질 생크루아, 세상에 없던 새로운 책 경험을 만들어낸 아마존 킨들의 설계자 제이슨 머코스키의 이야기도 흥미진진합니다.

지식과 일자리의 미래

증강가상현실(AVR) 분야의 강자 이온리얼리티의 댄 레저스카 대표는 SF영화에서 보던 이 기술이 지식 전달과 습득 방식에 대변혁을 일으키고 있다고 말합니다. 학생들의 수족관 체험학

습이나 개구리 해부 실습부터 외과의사의 진단과 치료까지, 현실 속으로 들어온 가상현실 기술의 현재와 미래가 여기 있습니다.

세계 노동개혁의 모델이 된 '하르츠 개혁'을 완성한 페터 하르츠 전 독일 노동개혁위원장은 "일자리는 인권의 문제요, 인간 존엄성에 관한 것"이라고 말합니다. '유럽의 환자' 독일의 경제 체질을 바꿔 놓은 그의 개혁 경험뿐 아니라, 개혁에 임하는 마음의 자세도 주목할 만합니다. 그는 "젊은 세대에게 일자리를 주지 못하는 것은 기성세대가 죄를 짓는 것"이라고 했습니다.

여성의 시대

란제리 기업 울티모의 창업자 미셸 몬, 마초 남성들의 성역이던 엔지니어링 분야에서 최고의 자리에 오른 진 라이던 로저스 GE항공 군용엔진사업 총괄사장, 공유경제의 새 모델을 제시한 러브홈스와프의 데비 워스코 CEO…. 유리 천장을 뚫고 성공한 여성들이 역경과 희생, 성공과 실패의 이야기를 솔직하게 털어놓습니다. 더불어 여성들이 남성과 동등하게 자아실현의 권리를 누리는 미래를 위해 어떤 변화가 필요한지에 대한 해법을 제시합니다.

또 베스트셀러 『적을 만들지 않는 대화법』의 저자 샘 혼은 설득력 있게 자신과 자신의 프로젝트를 프레젠테이션하는 비법을 알려줍니다. 그녀의 코치를 받은 여성 사업가들이 유치한 투자 금액만 66억 달러에 달합니다. 그 명쾌함에 저절로 무릎을 치게 될 것입니다.

8

혁신의 혁신

기업가치가 94억 달러에 달하며, 매년 135개국에서 130만 명의 환자가 내원하고, 운영 수익은 전액 의료시설에 재투자하는 병원. '전 세계 2억 명을 돕겠다'는 목표를 세운 이 병원은 미국의 메이요 클리닉입니다. 다양한 기술과 기법을 차용하고 변화시키고 현실에 맞게 적용하는 '퓨전 혁신'의 경험과 방법론이 참신합니다. 그 바탕에는 무엇을 하든 고객 및 환자들과 함께 생각하고 그들이 필요할 때 곁에 있는 것을 우선시하는 태도, 변함없는 사람 존중의 정신이 있었습니다. 니컬러스 라루소 메이요 클리닉 교수와 바버라 스푸리어 메이요 클리닉 혁신센터장은 병원 혁신뿐 아니라 일상의 혁신을 상세히 소개합니다.

마윈이 남긴 말은 어쩌면, 아시안리더십콘퍼런스에 왔던 리더들이 오늘을 사는 우리의 손을 잡아 주며 건네고 싶은 이야기일지도 모르겠습니다. "오늘은 힘듭니다. 내일은 더 힘들 것입니다. 그렇지만 모레는 아름다울 것입니다."

미래를 읽는 리더들의 혜안은 오늘을 둘러싼 짙은 안개를 뚫고 세상을 더 멀리 내다볼 수 있는 창문과 같습니다. 이 책은 리더들의 지식과 경험으로 풍성하게 차려낸 식탁입니다. 마윈은 "20세기가 '번쩍이는 달'의 시대였다면 미래는 수많은 '반짝이는 별'들이 만들어 가는 시대가 될 것"이라고 말했습니다. 오늘 이 책을 손에 쥔 여러분도 반짝이는 별이 될 자격이 충분합니다.

차례

경제의 패러다임은 역사의 흐름과 함께 변화한다. 산업화가 시작되면서 인류는 그 어떤 세기보다 빠른 변화의 흐름에 몸을 실었다. 그런데 이제 그 세찬 흐름도 조금씩 힘이 떨어져 가고 있다. 반복적이고 장기적인 공황은 자본주의의 동력을 잃게 만들고 있기 때문이다. 하지만 이제 인류는 또 하나의 새로운 도약을 만들어 나가고 있다. 그것은 디지털 혁명으로 시작된 경제 패러다임의 새로운 변화이다. 이제 인류는 IT의 시대를 넘어 데이터 기술(DT)의 시대로 진입하고 있으며 독점적인 소유의 경제에서 공유의 경제로 넘어가고 있다. 기업과 경제를 바꾸는 새로운 흐름은 지금 우리 곁에서 어떤 미래를 만들어 가고 있는 것일까?

1

기업과 경제를 바꾸는
'작은 별'의 시대

알리바바 그룹 회장_마윈

달의 시대가 가고
작은 별의 시대가 오고 있다

　　　　　　　　　지금으로부터 16년 전인 1999년, 80명
의 젊은이들이 5만 달러를 모아 제 아파트로 가져왔습니다.
새로운 사업을 위한 자본금이었습니다. 저는 '인터넷이 우리
의 인생과 비즈니스를 바꿔줄 것이다'라는 기대를 끝까지 버
리지 않았습니다. 물론 당시에는 이렇게 복잡해질 것이라고는
상상도 못하고 시작을 했었던 것입니다. 어떻게 보면 '눈먼 사
람이 눈먼 호랑이를 타고 어딘가로 향해 가고 있었던 상황'이
라고 해도 과언이 아닐 것입니다. 하지만 우리는 수많은 어려
운 점들을 다 극복하고 생존할 수 있었습니다. 그래서 많은 사
람들이 제게 물어 봅니다.

　　"도대체 무슨 비결이 있었는가? 어떻게 생존하고 어떻게 성
공할 수 있었는가?"

　　저는 그럴 때마다 이렇게 말합니다.

　　"우리는 그렇게 성공적이지 않다."

　　그럼에도 많은 사람들은 왜 알리바바가 성공했는지, 왜 마
윈이 성공했는지, 왜 중국이 지금 잘 나가고 있는지를 궁금해

15

합니다. 특히 저 같은 경우는 별로 잘 생기지도 않았고 학력이
나 배경도 좋지 않습니다. 거기다가 돈도 많지 않은 상태에서
시작했기 때문에 사람들은 더 호기심과 궁금증을 가지고 있습
니다. 군이 '비법'이라고까지 할 수는 없겠지만, 몇 가지 이유
를 되짚어 볼 수는 있을 것 같습니다.

'작은 별'들이 만들어지는 조건, 청년-여성-차별화된 접근

우선 첫 번째는 젊은이들이 있었다는 것입니다. 창업 당시
에는 직원이 18명이었고, 지금은 3만 4천 명으로 늘어났습니
다. 중요한 것은 이들의 평균연령이 27세라는 점입니다. 경영
진의 49%가 1970년대 생이고, 나머지는 1980년대 생입니다.
작년에는 1990년대에 태어난 3천 명의 젊은이들이 회사에 새
로 입사했습니다. 알리바바는 젊은이들이 만들었고, 젊은이들
이 경영하고, 젊은이들이 일합니다. 이것이 빠르고 역동적인
회사를 만들어 낸 첫 번째 이유라고 생각합니다.

두 번째는 여성들이 중요한 역할을 담당한다는 것입니다.
회사의 고위 경영진의 34%가 여성입니다. 상장하기 전에는
저도 이것을 제대로 몰랐습니다. IPO(기업공개)를 할 때 어떤
미국 기자가 "왜 알리바바에는 이렇게 여성 임원진들이 많습
니까?"라고 물었습니다. 그때 인력담당 최고 경영자가 여성이 16

라는 것을 알게 되었습니다. 알리바바 그룹 전체 직원 중 48%가 여성입니다. 한때는 절반이 넘는 56%에 육박했지만 몇몇 기업을 인수하면서 해당 기업들의 남성 비중이 높아 다소 하락했습니다. 그럼에도 48%는 상당한 수치입니다. 우리는 왜 이렇게 많은 여성들을 고용했고, 또 어떻게 성공적으로 그들과 함께 일을 해왔을까요?

그 이유 중 하나는 여성들이 가지고 있는 '유저 프랜들리 User Friendly'의 특성 때문입니다. 사용자들과 친근하고 원활하게 소통을 하는 것은 여성들의 특징입니다. 일반적으로 사이트 역시 유저 프랜들리하게 만들면 사용자들은 편안함을 느낍니다. 이러한 특성은 기술에 대해 두려움을 가지고 있는 사람들에게 보다 쉽게 접근할 수 있는 결과를 가져옵니다. 지금 전 세계 약 80% 정도의 사람들은 새로운 기술의 출현에 환호합니다. 하지만 한편으로는 그것을 사용하고 활용하는 것에 불편함과 두려움을 가지고 있습니다. 이런 상황에서 여성들은 그들과의 소통을 통해서 이러한 불편함과 두려움을 해소해 주고 있습니다. 실제 그녀들은 고객들에게 "불편한 점을 말씀해 보세요. 다 바꿔 드릴게요."라고 말합니다.

청년들을 통해 혁신적인 아이디어를 받아들이고, 여성들을 통해 고객친화적인 커뮤니케이션을 한 것, 바로 이것이 오늘날 알리바바의 성공 비결 중 큰 두 가지라고 할 수 있습니다.

세 번째 성공 비결은 알리바바가 중소기업에 대한 지원에 사업의 초점을 맞춘 것입니다. 중국의 대기업들은 대체적으로

17

국유기업이다 보니 정부에서 다 관리를 하고 있습니다. 하지만 중소기업은 그렇지 않습니다. 그 누구도 관리를 해주지 않고 지원도 받질 못하고 있습니다. 그래서 우리는 중소기업들이 전자상거래를 통해서 성공할 수 있도록 도와주기로 했습니다.

알리바바는 앞으로도 직원의 숫자가 너무 많아지지 않도록 할 것입니다. 현재 3만 4천 명의 직원이 있습니다만, 5만 명을 넘지는 않을 것입니다. 대기업이 되면 소통도 부족해질 수 있고 혁신의 속도로 느려질 수 있기 때문입니다. 또한 이러한 규모가 중소기업과 계속 협력할 수 있는 원동력이 될 수 있으리라 믿습니다.

또 하나 중요한 점은 중국의 성장과 함께 우리가 성장해 왔다는 것입니다. 중국 시장이 가진 그 광활함에 대해 많은 이야기가 있지만 기업을 위한 환경 자체는 그다지 친화적이었다고 볼 수는 없습니다. 중국에서는 적절한 비즈니스 인프라가 마련되어 있지 않았기 때문입니다. 이러한 이유로 인해 알리바바도 많은 도전을 받았습니다. 그러다 보니 왜 중국에서 굳이 전자상거래를 하려고 하냐는 말도 많이 들었습니다. 기업 활동을 위한 인프라가 제대로 마련되어 있지 않다면 사업도 성공적일 수 없기 때문입니다. 하지만 저는 오히려 이것이 큰 기회를 제공했다고 생각합니다. 왜 전자상거래가 미국보다 중국에서 더 빨리 성장했을까요? 그 이유는 미국의 상거래 관련 인프라가 너무나 훌륭하게 구축되어 있었기 때문입니다. 따라서 미국에서의 전자 상거래는 전체 상거래에서 부차적인 것들

"오늘은 힘듭니다. 내일은 더 힘듭니다.
그렇지만 모레는 아름다울 것입니다.
청년 기업가들에게 말해주고 싶습니다.
많은 사람들이 모레까지 못 기다린다는
사실을 잊어서는 안 됩니다."

중 하나에 불과했습니다. 미국에서는 전자상거래가 디저트지만, 중국에서는 기본 인프라가 약했기 때문에 메인요리가 될 수 있었다는 것입니다. 미국의 회사에게는 단점이었던 것이 중국의 회사에게는 장점이 되었습니다.

그것은 바로 주어진 환경과 비즈니스의 장단점에 대한 접근 방식이 달랐기 때문입니다. 그리고 이것이 오늘날 중국에서 독자적인 성공을 거둔 알리바바가 가졌던 또 하나의 성공 비결이기도 합니다.

102년을 생존하기 위해 우리가 미래에 걱정하는 것들

많은 사람들이 이런 질문을 합니다.

"당신은 무엇에 대해 가장 걱정하는가? 또 미래에는 무엇이 가장 큰 화두가 될 것으로 생각하는가?"

저는 알리바바가 100년이 아닌 102년의 기간 동안 유지될 수 있는 기업이 되었으면 합니다. 다른 기업들은 100년이라고 하는데, 누구나 다 100년이라고 이야기하기 때문에 그것은 하나의 슬로건처럼 되었습니다.

제가 왜 102년의 생존을 꿈꾸고 말하는지 궁금하실 겁니다. 알리바바는 1999년도에 설립되었기 때문에 20세기의 마지막 1년의 경험이 있고, 21세기의 100년을 지나 다음 세기의 1년까지 가고 싶다는 의미로 102년이라는 기간을 정했습니다. 앞으로 남아 있는 86년을 어떻게 채워나갈 것이냐가 우리의 최대 걱정거리이자 최고의 관심거리입니다.

인터넷 업체들이 3년 이상 버티며 성공하기가 어려움에도 불구하고 알리바바는 지금까지 성장해 왔습니다. 이제 1차적으로는 이러한 성공을 30년간 유지하는 것이 목표입니다. 저는 이것을 위해 무엇이 가장 필요한지를 고민해 왔습니다.

첫째, 고용이라는 사회적 문제를 해결해야 합니다. 새로운 기술 발전으로 인해 고용이 줄어들기 보다는 오히려 고용이 창출되어야만 하는 것입니다. 많은 사람들이 우려를 하는 가운데에서도 알리바바는 중국에서 1천 4백만 개의 일자리를 만들어 냈습니다. 여기서 중요한 것은 단순히 노동을 제공하는 일자리가 아니라 더 높은 수준의 스킬을 요구하는, 지식기반의 고용을 창출했다는 점입니다. 이 시대에는 그러한 일자리들이 필요하며 이를 통해 경제를 활성화시켜야 합니다.

둘째, 중국 경제가 더 뻗어나가기 위해서는 중소기업들이 앞장서서 이러한 움직임을 이끌어 나가야 된다고 생각합니다. 물론 대기업이 큰 영향력을 미치고는 있지만, 중국은 전체 기업의 80%가 중소기업입니다. 기술적으로 이러한 중소기업들에게 더 많은 힘을 실어주고, 또 혁신과 창의력과 아이디어와 꿈을 통해서 더 활동할 수 있게 해준다면 미래는 밝아질 수밖에 없습니다.

셋째, 환경과 보건에 대해 고민을 합니다. 사실 지구가 인간에게 모든 것을 내어준 것에 비해 우리는 반대로 지구를 전혀 보살피지 않았습니다. 하지만 기업이 영속적으로 진화하기 위해서는 환경과 보건의 문제를 반드시 다뤄야 한다고 봅니다.

정리하면 고용을 창출하고 중소기업을 통해 경제를 활성화시키고 환경문제와 보건문제를 해결해야 된다는 것이 알리바바가 고민하고 해결해 나가야 할 미래 방향의 핵심 축입니다. 그리고 이것을 위해 우리는 지금부터 투자를 하고 새로운 생태계를 만들어 나가려고 합니다. 어떤 사람들은 "당신들은 이미 전자상거래(E-commerce)를 잘하고 있는데, 왜 여기저기에 투자를 하는가?"라고 물어보기도 합니다. 또한 적지 않은 투자자들이 "왜 너희와 상관없는 곳에 투자를 하는가?"라고 의문을 제기합니다. 하지만 그 모든 것은 우리의 영속적인 발전과 관련이 있습니다. 10년, 20년 후를 대비해 미리 준비를 해야 합니다. 따라서 미래의 사회적 문제를 해결하기 위해 무엇이 필요한지, 우리가 계속 발전하기 위해 어떻게 해야 하는지를 지금부터 고민하고 실천하고 있는 것입니다.

IT를 넘어 DT의 시대로

세계는 앞으로 30년간 많은 변화를 거듭해 나갈 것입니다. 물론 인류는 과거에도 수많은 변화를 겪어 왔습니다. 특히 인류는 아주 훌륭한 세 가지의 기술 발전을 통해 여기까지 왔습니다. 증기기관의 개발이 첫 번째였습니다. 그것은 사람들이 더 강력해질 수 있도록 해주었습니다. 두 번째는 에너지입니다. 사람과 사람, 기업과 기업의 다리의 역할을 담당해 인류가 더 먼 곳까지 갈 수 있도록 도와주었습니다. 마지막 세 번째는 앞으로의 미래가 달려 있는 데이터 기술입니다. 현재 진행형인 이 데이터 관련 기술들은 사람들의 뇌를 더 폭넓게 사용할 수 있게 할 것이며 이를 통해 혁신을 도모할 수 있게 도와줄 것입니다.

지난 20년 동안 마이크로소프트, IBM, 시스코, 오라클과 같이 훌륭한 IT 회사들과 인터넷이 탄탄한 기초를 닦아주었습니다. 그러나 이것들은 미래를 위한 초석 다지기에 불과합니다. 우리는 이러한 초석을 잘 활용해 앞으로의 30년을 준비하여 세상을 더 좋게 바꿔야 한다고 생각합니다. 첫 번째 증기기관 혁명을 통해 도약하는 데에는 50년이 걸렸고, 두 번째 에너지 혁명 또한 50년이 걸렸습니다. 그리고 세 번째의 데이터 혁명도 50년이 걸릴 것입니다. 이미 인터넷이 발전하며 지난 20년이 흘렀지만, 아직도 30년이 남아 있는 것입니다.

여러분이 꼭 기억하셔야 할 것이 있습니다. 그것은 바로 IT

23

의 시대를 넘어 데이터 기술DT의 시대가 도래했다는 점입니다. IT를 기계적인 어떤 것이라고 본다면 이제 데이터 기술은 IT 기술을 기반으로 새로운 장場으로 도약하는 것을 의미합니다. 여기에는 과거와는 전혀 다른, 진보된 사고의 전환이 요구되고 있습니다. IT를 통해 더욱 더 기술을 잘 통제할 수 있게 되었고, B2C(기업과 소비자 간의 거래)가 가능해졌으며, 직접 제조에도 기여를 했습니다. 이제 DT는 경제와 개인에게 새로운 힘을 줄 것입니다. 가장 단적으로 DT의 시대에는 C2B(고객과 기업 간의 거래)가 가능해질 것입니다. 과거 20년 동안이 B2C의 시대였다면 앞으로의 30년은 C2B의 시대가 될 것입니다. 다시 말해 고객 중심적인 사업이 만들어져야 한다는 의미입

니다. 데이터 기술을 통해 투명성이 재고될 것이고, 나눔이 더 쉬워질 것이고, 책임소재가 강화될 것입니다. 지혜, 지식 그리고 용기에 DT가 더해져 지금보다 더욱 강한 힘을 가진 개인이 등장할 것입니다.

사람들이 원하든 원하지 않든, 앞으로 30년 동안 전 세계는 빠르게 변할 수밖에 없습니다. 물론 그 과정에서 그 변화를 따라가는 것이 너무 힘들 수도 있습니다. 세계는 아주 다채롭고, 빨리 변하고, 굉장히 훌륭한 사람들이 아주 탁월한 것들을 끝없이 만들어 내기 때문입니다. 하지만 이 변화의 흐름을 너무 두려워해서는 안 됩니다. 여기에 몸을 싣는 가장 효율적인 방법은 당신이 좋아하는 세상을 상상하고 이를 직접 만들어가는 것입니다. 이 방법이 변화를 뒤에서 따라가는 것보다 더 쉽습니다. 하지만 이러한 모델이 '내가 세상을 바꿀 테니, 너희들은 나를 따르라'고 말하는 방식은 아닙니다. 한 개인의 의지가 세상을 바꿀 수는 없습니다. 세상은 그 자체로 거대한 흐름에 의해 바뀔 뿐, 우리가 할 일은 세상의 변화에 대한 아이디어를 던지는 일일 뿐입니다.

알리바바 역시 마찬가지였습니다. 우리는 10년 혹은 20년 후에 만들어지길 원하는 '좋은 세상'에 대한 아이디어를 세상에 던졌을 뿐입니다. 그러한 창업 정신에 젊은이들이 호응했고, 그래서 비전이 만들어졌고, 이제는 우리가 젊은이들을 따라가고 있습니다. 일단 아이디어를 던진 다음엔 젊은이들이 만드는 세상에 동참하면서 따라가는 것이 좋습니다.

25

어쩌면 이것이 미래의 변화와 흐름을 대하는 가장 좋은 방법 중의 하나일 것입니다.

학력이 증명하는 것은
아무 것도 없다

미래의 변화에 있어서 한 가지 더 중요한 것은 앞으로 30년간은 '다른 회사'랑 경쟁하는 것이 아니라 '다음 세대'와 경쟁해야 한다는 사실입니다. 이제 우리는 2000년대에 태어난 사람들과 경쟁을 해야 합니다. 그들은 인터넷 시대에 태어난 사람들입니다. 인터넷은 그들의 일상생활 속에 녹아 있습니다. 따라서 그들은 상호작용을 굉장히 중요시하는 사람들입니다. 알리바바 그룹의 사용자들을 보면 사용자의 70%가 바로 20~30대입니다.

저는 아날로그 시절의 라디오, 텔레비전이 있었던 시대에 살았던 사람들입니다. 10년 전에는 사실 40대를 설득하는 것이 굉장히 어려웠습니다. 그 사람들은 이미 성공했고, 성공한 사람들을 설득하는 것은 너무 어려운 일입니다. 그러니 아직 성공하지 않은, 혹은 앞으로 성공할, 그래서 변화를 원하는 20~30대을 설득하시기 바랍니다. 그들이 바로 다음 30년을 이끌어 갈 주역이기 때문입니다.

저는 다음 세대에 대한 기대가 정말 큽니다. 그들을 위해서

26

항상 젊은이들의 꿈과 희망을 키워주는 것이 중요하다고 생각합니다. 그런 점에서 무엇보다 중요한 것은 그들에게 공부나 학위 같은 것을 강요해서는 안 된다고 생각합니다. 나는 학생들을 만나면 '반에서 3등 안에 들려고 애쓰지 마라'고 말합니다. 계속 1등만 하는 사람은 패배를 잘 받아들이지 못하기 때문입니다. 또 그 자리를 지키는 데 급급해서 다른 생각을 할 여유가 없습니다. 알리바바는 사람을 채용할 때도 학위는 별로 신경 쓰지 않습니다. 학위는 아무것도 증명하지 않기 때문입니다. 누군가 박사학위를 가졌다면, 그건 그 사람이 공부에 더 많은 돈을 투자했다는 뜻일 뿐, 그 외에는 아무 것도 말해주지 않습니다. 학위를 따고 10~20년 후에 세상에 없던 훌륭한 무언가를 만들어 낸 후에야 그 사람이 뛰어난 인재라는 것이 증명될 뿐입니다. 따라서 그 전까지는 아무 것도 아닌 것입니다.

"청년들을 통해 혁신적인 아이디어를 받아들이고,
　여성들을 통해 고객친화적인 커뮤니케이션을 한 것,
　바로 이것이 오늘날 알리바바의 성공 비결 중
　큰 두 가지라고 할 수 있습니다."

작은 별을 이끌
청년 세대에게

청년들이 멋진 꿈을 가지고 그것을 실천하다 보면 세상은 변하게 되어 있습니다. 물론 그들은 다양한 문제와 도전에 직면하겠지만, 그것은 별로 문제가 되지 않습니다. 제가 처음 사업을 시작할 때에도 부모님과 친구들이 말렸습니다. "인터넷이 뭐야? 나 한 번도 들어본 적이 없어. 제발 인터넷 사업 하지마"라고 했습니다. 제 아파트에 23명의 친구들을 초대하며 함께 사업을 하자고 했습니다. 하지만 그들은 모두 싫다고 했습니다. 인터넷의 미래를, 알리바바의 미래를 믿지 못했기 때문입니다.

그렇지만 나는 믿었습니다. 인간은 노력만하면 문제에 대한 답을 꼭 찾을 수 있다고 생각합니다. 실제적으로 문제보다 해법이 더 많다고 생각합니다. 오늘은 힘듭니다. 내일은 더 힘듭니다. 그렇지만 모레는 아름다울 것입니다. 젊은 청년 기업가들에게 말해주고 싶습니다. 많은 사람들이 모레까지 못 기다린다는 사실을 잊어서는 안 됩니다. 성공하기 위해선 꿈부터 키우고 모레까지 견뎌야 한다는 것을 여러분께 진심으로 말씀드리고 싶습니다.

특히 저는 한국의 젊은이들에게 기업가 정신을 꽃피울 기회를 준다면 충분히 해낼 것이라고 생각합니다. 한국의 영화, 드라마, 게임을 보면 놀랄 정도로 혁신적입니다. 젊은이들이 삼

29

성과 현대 같은 기업을 만들기를 기대하는 것은 불공평합니다. 정주영, 이병철 같은 기업인은 한 세기에 한두 명 나올까 말까 하기 때문입니다. 더군다나 시대도 바뀌었습니다. 20세기가 '번쩍이는 달'의 시대였다면 미래는 수많은 '반짝이는 별'들이 만들어 가는 시대가 될 것입니다. 대기업의 시대가 아니라 중소기업의 시대이며, 또한 작은 규모의 벤처기업이 미래를 이끌어 갈 것입니다.

청년들에게도 해주고 싶은 말이 있습니다. 지금 많은 청년들이 스스로 성장이 정체된 시기에 태어났다는 점에 대해서 불만을 가지고 있습니다. 하지만 그러한 불만에만 갇혀 있지 않았으면 좋겠습니다. 한국만 그런 것은 아닙니다. 중국 청년도, 홍콩 청년도, 유럽 청년도, 미국 청년도 모두 불만에 가득 차 있습니다. 하지만 반대로 생각해 보면, 세상에 불만이 많다는 것은 이를 해결할 기회도 많다는 뜻입니다. 미래의 기업가는 지금 불평하는 사람이 아닌, 이 불만들을 해결하려는 사람들 가운데서 나올 것입니다.

내가 처음 중국에 전자상거래 회사를 세우겠다고 했을 때 다들 미쳤다고 했습니다. '중국은 얼굴을 맞대고 거래하는 관시關係로 돌아가는 나라인데 인터넷 거래가 어떻게 가능하냐'고 했습니다. 하지만 이런 '믿음의 부재不在'라는 문제를 해결하기 위해 우리가 내놓은 해결책이 3자 결제 시스템인 알리페이였습니다. 이처럼 알리바바의 역사는 언제나 문제를 해결해 가는 과정이었습니다.

나는 언제나 인간이 해결하지 못할 문제는 없고, 세상에는 문제보다 해결책이 훨씬 많다고 믿고 있습니다. 불평이 많은 시대야말로 기업가 정신이 빛을 발할 기회이기 때문입니다. 그리고 바로 이 기업가 정신이 개인의 삶을 변화시키고, 우리의 미래 30년을 변화시킬 것입니다. 지금보다 더 많은. 반짝이는 작은 별들이 탄생하기를 기대하겠습니다.

마윈 알리바바 그룹 회장

마윈은 알리바바 그룹의 창립자이자 회장이다. 1999년 회사 설립 후 2013년 5월까지 회장 및 최고경영자(CEO)를 지냈다. 경영 일선에서 물러난 후 국제 자연보호협회의 중국 프로그램 신탁 관리자가 되었으며, 이 협회의 국제 이사회 일원 및 중국측 이사회 회장을 지냈다. 2013년 9월에는 생명과학혁신상 재단에 합류했다. 마윈은 현재 도쿄 증권거래소에 주식을 공개한 디지털 정보 선도기업인 소프트뱅크 주식회사 이사며, 중국 선전 증권거래소에 상장된 미디어 그룹 화이브라더스의 임원이기도 하다. 항저우 사범대학 에서 영문학을 전공했다.

알리바바가 두려워하는 것 ▬▬▬▬▬▬

Q 작은 기업들과 같이 일하는 것을 좋아한다고 하신 것이 인상
적이었습니다. 앞으로도 스타트업들이 나올 것이고, 또한 알리페
이와 같은 새롭고 파괴적인 기술도 계속 나올 것으로 예상됩니
다. 여기에 어떻게 대처하고 있는지 알고 싶습니다.

계속해서 나올
새롭고 파괴적인 기술,
알리바바의 대응 방법은?

A 마윈 경쟁에 대해서 질문을 해주신 것이라고 생각합니다. 경
쟁은 항상 있을 수밖에 없습니다. 사업을 할 때는 경쟁 때문에 고
민하지 않았으면 합니다. 경쟁은 정말 좋은 것이라고 생각합니다.
그것 때문에 오히려 재미있게 사업할 수 있다고 생각합니다. 많
은 사람들이 알리바바와 같이 경쟁을 한다고 하면 정말로 흥분될
것 같습니다. 만약 내가 아무리 훌륭한 권투 선수라고 해도 아무
도 나와 대전을 해주지 않는다면 재미가 없을 것입니다.

기술이 중요한 게 아니라
고객이 중요합니다

　중국에서 정말 좋은 것 중에 하나는 작은 기업들과 같이 일을
하면서 서로 도와줄 수 있다는 것입니다. 현재 중국에서는 작은
기업들이 제대로 돈을 벌기가 너무나 힘들기 때문입니다.

　저는 영화 「포레스트 검프」를 보고 정말 깊은 영감을 받았습니
다. 영화에서는 이런 이야기가 계속해서 나옵니다.

　"간단하게 생각하라. 꿈을 잃지 말라. 인생은 초콜릿 박스와
같은 것이다."

　이 말뿐만 아니라 또 하나의 교훈이 있습니다. 바로 새우잡이
에 대한 것입니다. 고래잡이를 하면서 돈을 버는 사람은 많지 않
습니다. 대부분 새우잡이를 하면서 돈을 버는 것이죠. 새우라는
작은 고기를 통해 돈을 번다는 비유는 상당히 큰 의미를 포함하

32

고 있습니다. 현재 많은 기업가들이 창업을 하고 또 빠른 시간 내에 많은 돈을 벌고 성공하길 원합니다. 알리바바는 어제 설립된 회사가 아닙니다. 16년 전에 설립된 회사입니다. 그리고 지난 16년 동안 많은 변화가 있었고 좋은 기회들이 있었습니다. 처음부터 새우를 염두에 두고 새우에만 집중하면서 미래지향적으로 경영을 했습니다. 10년 정도 꾸준히 했더니 그때서야 서서히 성과가 나기 시작했습니다.

　다른 회사들의 파괴적인 기술을 두려워할 것이 아니라 '고객에 대해 더 고민해야 한다'라고 생각합니다. 저는 다른 기술이 등장할 때 두려운 것이 아니고 어떤 회사가 "나는 당신의 회사보다 고객에게 더 많은 힘을 실어줄 수 있고 그들을 잘 보살필 수 있다."라고 말하는 것이 더 두렵습니다. 그래서 오히려 경쟁사보다 고객에 대해서 더 많은 시간을 가지고 고민하는 것이 도움이 될 것이라고 생각합니다.

여성 리더십의 시대

Q 여성들이 많다는 것이 알리바바의 성공 비결이라고 말씀하셨습니다. 이를 조금 더 구체적으로 말씀해 주시기 바랍니다. 여성이 남성에 비해서 어떤 점이 더 나은지, 사업에서 그런 것들은 어떻게 작용하는지 듣고 싶습니다.

여성들이
남성과 일하는 방식은
어떻게 다릅니까?

A 마윈 일단 남성과 여성은 충성심의 형태가 매우 다르다고 생각합니다. 여기 계신 남성분들에게는 조금 죄송하지만, 일단 어려운 시기가 되면 남자들은 새로운 기회를 다른 곳에서 모색합니다. 하지만 여성들은 그 자리에 서서 경청합니다. 또 여성들은 인내하는 능력이 있습니다. 여성들이 비혁신적이냐 하면 결코 그렇지 않다고 생각합니다. 저희 계열사인 알리엔파이낸싱 CEO도 여성분이고 CFO분도 여성분입니다. 지금은 전 세계가 바뀌고 있습니다. 지시하는 형태에서 상대방의 주문을 받고 지시를 받는 쪽으로 바뀌어 가고 있습니다.

'지시'하는 것이 아니라
'주문을 받고
지시를 받는 일'이
중요합니다

사무실에 10명의 남자들이 토론한다면 대체적으로 결론을 얻어내기 위해 2시간 동안 싸웁니다. 그런데 여성들만 있으면 아주 논리적으로 편안하게 대화가 이루어지는 것을 볼 수 있습니다. 여성들은 서로를 존중하는 마음으로 상대를 바라보지만 남자들은 경쟁의 눈초리로 서로를 바라봅니다. '저 사람이 내 아이디어보다 더 나은 것을 이야기하려나?'라는 경쟁적인 심리 상태가 되는 것이죠. 하지만 여성들은 그렇지 않습니다. 따라서 알리바바는 여성 리더십에 대해서 좀 더 연구를 해보려고 합니다. 1~2년 후쯤 그 부분에 대해서 발표를 할 수 있을지 모르겠습니다만 제 직감은 이렇게 말합니다. 알리바바 최고 경영진의 34%가 여성이라는 것, 그리고 전 직원 중에서 상당 부분이 여성이라는 것이 우리의 중요한 성공 비결이었고 앞으로도 변하지 않을 것이라고 말입니다.

중국 기업가들의 변화

알리바바의 자선 활동,
앞으로
어떻게 전개됩니까?

Q 「후룬리포트」의 창립자이자 수석연구원인 루퍼트 후거워프입니다. 자선 사업과 관련해서도 활동을 많이 하고 있는 것으로 알고 있습니다. 상장하셨을 때에도 그때 얻은 자금 중 일부를 재단 쪽 자선 활동을 위해 투입을 하셨다고 들었는데 여기에 대해서 어떤 활동들을 하고 계시는지, 그리고 이것을 나중에 '빌 & 멀린다 게이츠 재단'(빌게이츠가 세운 자선 활동 단체)과 같은 재단으로 발전시킬 의지가 있으신지 여쭤보고 싶습니다.

교육, 보건,
그리고 자선 인프라에
투자합니다

A 마윈 네. 저는 가난한 가정에서 태어났습니다. 제가 대학을 졸업한 뒤 첫 1년 동안 월급이 10~15불 정도였습니다. 그때만 하더라도 굉장히 큰돈이었습니다. 제가 알리바바 사업 시작했을 때 아내에게 물어본 적이 있습니다. "중국에서 제일 부자인 사람이 되길 원하느냐, 아니면 존경 받는 사람이 되길 원하느냐"라고 말이죠. 아내는 "당연히 존경 받는 사람이 돼야지. 부자 될 일은 없으니까."라고 얘기했습니다. 저는 제가 가지고 있는 돈이 저의 것이라고 생각하지 않습니다. 많은 사람들이 나를 신뢰하기 때문에

35

준 돈이라고 생각합니다. 즉 '마윈과 그의 팀이 다른 사람들에 비해서 더 잘 관리해 줄 것이다'라고 믿고 있기 때문에 그만큼 투자를 해준 것이라 생각합니다. '이것이 모두 내 돈이라고 착각하면 분명히 문제가 생길 것이다'라는 것이 제 철학입니다. 지난 몇 년 동안 저는 항상 이 얘기를 해왔습니다. "우리는 중국에서, 아니 이 세계에서 가장 럭키한 사람이다"라고 말이죠. 이 행운을 다른 사람들에게 나눠줘야 한다고 믿고 있습니다. 그래서 알리바바가 기부를 했던 것입니다. 이것은 사실 출발점에 불과합니다. 오히려 기부라는 것을 통해 무엇인가를 좀 더 배우고 싶다는 생각을 하기도 했습니다.

워렌 버핏이나 빌 게이츠는 굉장히 훌륭한 일들을 하고 있습니다. 그렇지 않아도 저 역시 워렌 버핏에게 물어봤습니다.

"저는 제 돈을 누구한테 기부해야 할까요? 중국은 자선사업과 관련해서는 인프라가 제대로 구축되어 있지 않습니다."

워렌 버핏은 저에게 여러 가지 조언을 해주었습니다. 그의 조언에 따라 몇 가지 기부에 대한 원칙을 세웠습니다. 첫째, 환경에 투자를 하겠다는 것입니다. 중국은 특히 대기오염과 수질오염이 매우 심각하여 암과 같은 질병을 앓는 사람이 많아지고 있습니다. 이를 막기 위해서라도 환경에 투자해야 한다는 것을 잘 알고 있습니다.

둘째, 저는 고등학교 교사로서 6년간 교직에 있다가 비즈니스에 뛰어들었기 때문에 아직도 교육에 관심이 많습니다. 그래서 교육 관련에 대해서도 적극적인 투자 활동을 하고 있습니다.

셋째, 제가 관심을 가지고 있는 분야가 바로 보건 부분입니다. 보건에 대해서는 미리 준비해야만 합니다. 분명히 대기오염과 수질오염 때문에 건강상의 문제가 일어날 수밖에 없습니다. 그렇기 때문에 이런 부분들에 대해서 준비를 해야 합니다.

마지막으로 자선 관련 인프라를 구축하는 데 투자를 할 생각입니다. 10년, 20년이 지나면 더 많은 중국인들이 부자가 될 것이고, 그들도 사회에 자신의 부를 환원하는 움직임이 일어나게 될 것입니다. 그렇기 때문에 자선 및 기부와 관련되어 공익적인 인프라를 구축해야 합니다.

빌 게이츠가 마이크로소프트 회장이었을 때 아주 멋지고 흰머리도 없었는데, 자선 활동을 하다 보니 흰머리가 많이 늘어났습니다. 사실 돈을 버는 것보다 돈을 제대로 쓰는 것이 더 어렵다고 생각합니다.

에어비앤비 공공정책 도시 파트너십 이사_몰리 터너

지역경제의 대안,
공유경제의 비전

전 세계적으로 많은 사람들이 공유경제에 대해서 정말 반기고 있습니다. 신문이나 언론에도 많이 보도가 되고 있지요. 어떤 사람들은 공유경제가 새로운 산업혁명으로 이어질 수 있다고 이야기할 정도로 전 세계 경제에 큰 영향을 미치고 있습니다. 저 역시 공유경제는 상당한 성장 잠재력을 가지고 있으며 그 미래의 모습 역시 희망적이라고 생각합니다.

공유경제Sharing Economy는 물품을 소유하는 것에서 벗어나 서로 대여해 주고 차용해 쓰는 개념의 경제 활동을 말합니다. 에어비앤비는 사는 공간을 공유하는 것에 초점을 두고 있지만, 여러분의 집에 있는 여러 전자제품들이나 교통수단들도 공유할 수 있습니다. 또는 주차장 공간까지도 대여할 수 있습니다. 이처럼 공유경제 내에서는 여러분들이 가지고 있는 많은 자산을 매매하거나 공유하거나 나눠 쓸 수 있습니다. 바로 이러한 이점 때문에 현재 공유경제는 한국을 비롯해 전 세계로 퍼져나가고 있습니다.

에어비앤비는 역사가 상당히 오래되었지만, 그 비즈니스 모델은 고유합니다. 크게 공급 측면과 수요 측면에서 말씀드리겠습니다. 저희는 어떠한 부동산도 소유하고 있지 않습니다. 기존의 숙박업체는 부동산을 소유하고 있지만, 저희는 수요와 공급을 연결해 주는 역할만 하고 있습니다. 저희가 성공할 수 있었던 것은 여행에 대한 수요가 꾸준히 늘고 있다는 데에 기반하지만, 더 중요한 점이 있습니다. 과거의 패키지 여행보다는 좀 더 자유로운 여행, 특히 독특한 여행 경험을 갖고자 하는 사람들이 늘어나고 있다는 것입니다.

또한 저희는 이 공급의 측면을 적극적으로 확장시켰습니다. 대도시에서 거주하려면 생활비가 굉장히 많이 듭니다. 그래서 대도시에서 가장 큰 자산이라고 할 수 있는 집을 활용해서 수익을 얻을 수 있는 측면을 활용하게 된 것입니다.

이 결과 저희는 작년에 숙박시설 100만 건 등록이라는 기

록을 달성했습니다. 거의 191개 국가의 3만 4천여 개의 도시에 숙소가 등록되어 있습니다. 저희는 글로벌한 커뮤니티를 만들어 나가고 있으며, 이러한 데이터를 바탕으로 전 세계에 영향을 미치고 있습니다.

지역경제에 영향을
미치는 공유경제

어떤 사람들은 저희의 비즈니스 모델이 기존의 호텔산업에 악영향을 미치는 것은 아닌가 생각합니다. 하지만 호텔들은 그 어느 때보다도 더 좋은 성과를 거두고 있으며 투숙객도 더 늘어나고 있습니다. 저희 에어비앤비가 호텔산업에 악영향을 미치는 것은 아니라는 점을 알 수가 있습니다. 오히려 저희는

"에어비앤비는 전 세계적으로 글로벌한 커뮤니티를
만들어 나가고 있으며, 이러한 데이터를 바탕으로
전 세계에 미치는 영향력을 평가할 수 있었습니다."

지역사회를 기반으로 하는 서비스를 제공하고 있으며, 그 지역 사람들의 경제에 많은 도움을 주고 있습니다.

전 세계적으로 여론조사를 실시한 적이 있습니다. '여행을 할 때 에어비앤비를 왜 이용하는가'에 대한 내용입니다. 그 결과, 많은 여행객들이 마치 그 지역에 사는 현지인처럼 생활을 하고 싶다는 열망을 가지고 있다는 것을 알 수 있었습니다. 실제로 에어비앤비 고객의 74%는 호텔이 없는 지역, 그러니까 중심가가 아닌 지역에서 머무르고 있다는 사실을 알 수 있습니다. 그리고 호텔 투숙객보다도 두 배 이상 더 많은 시간을 머뭅니다. 그것은 곧 해당 지역에서 더 많은 돈을 쓴다는 것을 의미합니다. 에어비앤비 고객은 다른 지역의 여행객보다 1.8배 많은 지출을 하며, 지출 비용의 42%는 투숙한 곳의 지역사회에서 이루어진 것이었습니다. 그렇기 때문에 주요 관광 명소나 호텔이 있는 지역이 아닌 다른 지역에서도 에어비앤비 고객들의 이용으로 지역경제가 활성화 된다는 것을 알 수 있습니다.

그뿐만 아니라 지역 주민들에 대한 영향력도 굉장히 중요합니다. 저희가 호스트, 즉 방이나 집을 빌려주는 고객들을 대상으로 조사를 한 적이 있습니다. 호스트의 52% 정도가 중산층 이하입니다. 다시 말해서 추가적인 수입이 있어야만 생활을 유지할 수 있는 소득계층인 것입니다. 이들은 에어비앤비에서 벌어들이는 소득을 활용해서 주택 담보대출을 갚는다든지 아니면 수도요금이나 전기요금을 냅니다. 이러한 방식을 통해 지역 주민들의 가계에 도움이 되는 것입니다.

에어비앤비에 등록된 호스트들은 대부분 집이 너무 많아서 대여를 할 수 있는 여유로운 사람들이 아닙니다. 오히려 자기가 살고 있는 집의 작은 공간을 임대해 주고 있는 것입니다.

기존 경제의
부족한 부분을 채우다

미국 보스턴의 경우를 보면 호스트의 위치는 저소득층 지역에 많이 분포해 있는 것을 알 수 있습니다. 이를 통해 과거에는 관광산업의 혜택을 볼 수 없었던 지역에서 수익을 올릴 수 있게 되었다는 점을 알 수 있습니다. 이러한 방식의 임대사업은 에너지의 절감에도 도움이 됩니다. 더불어 호스트들은 상당수 친환경에 대한 깊은 관심을 가지고 있습니다. 예를 들어 어떤 호스트의 경우에는 제공되는 모든 먹거리들이 유기농이라는 점을 강조하기도 합니다.

에어비앤비는 호스트와 게스트 양쪽에 뜻밖의 도움이 되기도 합니다. 여기 두 가지의 사례가 있습니다. 캘리포니아 대학의 서던 교수님이 '제옥'이라는 이름을 가진 호스트의 집에 머무른 적이 있습니다. 그 집에는 딸이 두 명 있었는데, 교수님이 머무르는 동안 서로 친해져 친구가 되었습니다. 교수님은 큰 딸이 풀브라이트Fulbright 장학금을 신청할 수 있도록 도와

44

주었고 에세이도 첨삭을 해주었습니다. 사회적으로 좀 더 깊고 의미가 있는 관계를 맺을 수 있었던 것입니다.

또 하나의 사례는 미국에 '샌디'라는 이름의 허리케인이 발생했을 때입니다. 당시 정말 많은 집들이 파괴되었고 상상할 수 없을 정도의 피해가 발생했습니다. 당시 뉴욕에 사는 에어비앤비 호스트들이 무료로 자신들의 주거 공간을 허리케인 피해자들에게 제공해 주었습니다. 이는 공유경제가 세상에 얼마만큼의 긍정적인 영향을 줄 수 있는지를 잘 보여주는 사례라고 말할 수 있습니다.

공유경제는 단순히 '남는 것을 나눠 쓰고 돈을 번다'라는 의미를 넘어서고 있습니다. 지역의 경제를 살리고, 관광산업을 활성화시키며, 기존에 가질 수 없었던 의미 있는 관계들을 만들어 나갑니다. 공유경제의 힘은 바로 기존 경제가 부족했던 부분을 채우고 살찌워서 더 풍요로운 경제를 만들어 나가는데 있습니다.

몰리 터너 에어비앤비 공공정책 및 도시 파트너십 이사
몰리 터너는 에어비앤비에서 공공·민간 파트너십 프로그램을 총괄하고 있다. 그는 에어비앤비를 이용하는 현지 지역사회와 협업해 시장의 지속가능성과 경제 개발, 탄력적 운영, 환대 방식에 중점을 둔 다양한 프로젝트를 진행하고 있다. 더불어 에어비앤비의 정책 연구를 지휘하며 도시경제와 환경, 지역사회에 비즈니스 모델이 끼치는 다양한 영향을 조사하고 있다.

몰
리
터
너

Ma Yun

Molly Turner

Rupert Hoogewerf

Gan Jie

Gilles Ste-Croix

C.B. Cebulski

Jason Merkoski

Dan Lejerskar

Peter Hartz

Lee Ki-Kweon

Michelle Mone

Jean Lydon-Rodgers

Debbie Wosskow

Sam Horn

Nicholas LaRusso

Barbara Spurrier

Kim Jae Hak

이제 중국이 전 세계의 경제를 움직이는 큰손이 되었다는 사실을 의심하는 사람은 아무도 없다. 특히 14억이라는 거대한 내수시장을 바탕으로 성장한 중국은 지난 20년간 고도성장을 거듭해 왔다. 최근 몇 년 사이 중국 경제에 대한 우려의 목소리가 나오고는 있지만, 여전히 중국 시장은 매력적이고, 또 그곳에서 새로운 기회가 생겨나고 있는 것은 주지의 사실이다. 하지만 중국에 대한 접근은 여전히 조심스러울 수밖에 없다. 공산주의 국가이며, 법적 사회적 제도 역시 외국인들이 접근하기에는 한계가 있기 때문이다. 세계의 미래 경제를 견인할 정도로 성장한 중국, 이제 우리는 중국을 어떻게 보고 어떻게 접근해야 하는 것일까?

2

부(富)의 대이동,
중국

후룬리포트 대표 & 수석연구원_루퍼트 후거워프

중국의 억만장자,
그들은 어떻게 탄생했으며
무엇으로 돈을 벌었나?

중국은 지금 전 세계에서 경제적으로 가장 화두가 되고 있는 나라일 것입니다. 중국 경제의 현실을 가장 단적으로 보여주는 것은 증시가 지난 6개월 동안 2배나 성장을 했고, 내수에만 집중해온 중국의 기업가들이 세계 시장을 좌지우지하는 글로벌한 기업가가 되고 있다는 점입니다. 또 미국의 억만장자보다 중국의 억만장자가 더 많은 것이 현실입니다. 5~10년 이내에 중국 경제가 미국 경제보다 더 커진다고 말씀 드리기는 어렵지만, 개인적인 성공의 차원에서만 본다면 거대한 부를 축적해 성공한 사람은 미국인보다는 중국인이 더 많습니다. 무엇보다 흥미로운 것은 중국이 여전히 공산국가라는 점인데, 이 공산국가에서 엄청난 자본가가 탄생한 것입니다. 좀 더 쉽게 중국의 부호에 대한 이해를 돕기위해 삼성 이건희 회장을 예로 들겠습니다. 현재 이 회장은 한국의 부자 중 1위지만, 중국에서는 10위에 머무른다고 할 수 있습니다.

그렇다면 실제 중국의 억만장자는 과연 몇 명일까요? 여기에 대한 수치는 '빙하'를 떠올리시면 됩니다. 눈에 보이는 빙

49

하의 윗부분은 실제 빙하의 극히 일부분일 뿐입니다. 마찬가지로 중국에서 100명의 억만장자를 찾았다고 하면, 최소 눈에 보이지 않는 200~300명이 더 있다고 봐야할 것입니다.

중국의 부가 변화하기
시작한 시점, 2007년

2015년은 중국 역사상 굉장히 특별한 해입니다. 왜냐하면 지난 200년 동안 중국의 인구는 전 세계의 25%를 차지했지만 경제에서는 25%를 차지하지 못했기 때문입니다. 그것이 바로 중국인들의 불만이었습니다. 그런데 2015년 세계에서 가장 성공적인 기업가들 중 중국인이 차지하는 비율이 20%가 되었습니다. 마윈 같은 분들이 바로 여기에 포함됩니다. 2015년은 중국에서 '지난 200~300년 동안 우리는 인구만큼 경제력이 없었어'라고 생각했던 불만의 기간이 끝나고 세계 1위를 향해가는 원년이 된 것입니다.

그런 점에서 아마도 화교는 세계에서 가장 성공적인 이민자들일 것입니다. 현재 중국에는 478명의 억만장자가 있는데, 중국 본토에 358명, 홍콩에 72명, 타이완에 48명이 있습니다. 또한 제가 직접 싱가포르에 갔을 때, 성공한 기업가들의 80%가 화교라는 사실을 알았습니다. 이것은 곧 중국인들의 사업 영역이 전 세계를 대상으로 하고 있으며, 이러한 글로벌화는 앞으로도 가속화될 것이라는 의미이기도 합니다.

사실 10년 전만 하더라도 중국 본토에는 억만장자가 단 한 명도 없었습니다. 그런데 지금은 358명이 되었습니다. 또한 '억만장자가 사는 10대 도시' 중 5개가 바로 중국에 있습니다. 홍콩, 베이징, 선전, 타이베이, 상하이가 바로 그곳입니다. 백만장자는 약 290만 명 정도가 있는 것으로 분석되고 있습니다. 중국의 부富는 우리가 상상하는 것을 훨씬 넘어서고 있다고 봐도 무방할 것 같습니다. 이러한 놀라운 변화는 2007년 주식시장에 어마어마한 붐이 일면서 시작되었습니다. 그때 상하이지수가 무려 6,000을 넘어섰기 때문입니다. 그 이후 세계 금융 위기가 닥치기는 했지만 중국은 치명타를 입지 않았습니다. 이러한 시기에 탄생한 사람이 바로 마윈 회장입니다. 그는 성과도 좋았으며 또 언론에 상당히 많이 등장했습니다.

실제 주식시장을 보면 시가 총액 대비 25% 더 상승한 것을 볼 수 있습니다. 이 수치는 그 어떠한 사람들이 예상했던 것보다도 더 높은 수치입니다. 그런데 놀라운 사실은 마윈 회장이 중국 억만장자 순위에서는 3위 밖에 되지 않는다는 사실입니다. 2위는 부동산 개발업자인 왕젠린, 1위는 에너지 사업을 하는 리허쥔이라는 사람입니다. 이들은 바로 오늘의 중국 경제를 세운 가장 대표적인 인물들이라고 할 수 있습니다.

두 번째 부호인 왕젠린부터 살펴보겠습니다. 중국이 급속도로 발전하기 시작하면서 도시에는 많은 건축물들이 필요했습니다. 주거 공간, 쇼핑 공간, 엔터테인먼트 공간이 바로 그것

순위	1	2	3
이름(나이)	리허쥔(李河君·48) 한넝 회장	왕젠린(王健林·61) 완다 회장	마윈(馬雲·51) 알리바바 회장
업종	에너지	부동산·엔터테인먼트	IT
재산	**260**억달러(28조5000억원)	**250**억달러(27조4000억원)	**245**억달러(26조8500억원)

입니다. 이때 왕젠린은 부동산 개발을 통해 상당한 부를 축적했고 영화 산업에까지 손을 뻗쳤습니다. 지금은 할리우드에서도 두각을 나타내고 있을 정도입니다.

중국 최대의 부호 순위 1위인 리허쥔은 에너지 분야의 사업을 하고 있습니다. 저는 그를 약 10년 전에 한 번 만난 일이 있습니다. 당시 그는 중국 남부 쪽에 있는 한 수력발전 시설 사업에 뛰어들었습니다. 그때 당시에 필요한 돈은 30억 달러였지만, 리허쥔에게는 이 정도의 큰돈이 없었습니다. 결국 그는 돈을 빌려서 사업을 시작했고, 그것이 성공적으로 끝나면서 댐에서 생겨나는 순이익만 매년 10억 달러 정도가 됩니다.

44) 텐센트 CEO	5 리옌훙(李彦宏·47) 바이두 회장 IT	6 루즈창(盧志强·63) 판하이 회장 인베스트먼트	7 쉬자인(許家印·57) 헝다 회장 부동산
2조8000억원)	**158**억달러(17조3000억원)	**119**억달러(13조원)	**118**억달러(12조9000억원)

그는 이 돈을 기반으로 태양력에 집중하면서 에너지 사업을 해나가고 있습니다. 이러한 성공의 역사가 있다 보니 리허쥔은 자신감이 넘치고 굉장히 의욕적으로 사업을 추진하고 있습니다.

또한 지금은 중국의 대기오염을 주제로 광고를 하면서 인지도를 높이고 에너지 사업 분야에서 엄청난 돈을 벌어들이고 있습니다. 실제로 그는 '우리 회사가 성장하면 중국의 대기오염이 줄어든다'는 광고 카피를 쓰고 있습니다. 그 결과 주가가 100에서 800까지 급등하였고 1~2년이라는 짧은 기간 안에 급속도로 성장할 수 있었습니다.

루퍼트 후거워프

"중국 부호들의 등장과 함께
우리가 주목해야 할 것은 그들의 순위입니다.
이 순위는 단순히 누가 돈이 더 많냐가 아니라
중국 경제의 단면을 보여주고 있기 때문입니다."

텐센트의 CEO 마화텅도 꽤 유명한 억만장자입니다. 그는 한국 CJ그룹의 지분 20%를 갖고 있는 것으로 알려져 있습니다. 그런데 이러한 억만장자 중에서 굉장히 흥미로운 사람이 한 명이 있습니다. 사실 저는 이제까지 이 사람을 찾아내지 못했습니다. 그는 현재 파리에 거주하고 있고 부자 순위에서는 중국 전체의 1,200명 안에도 들지 못했습니다. 그런데 그는 2014년 IPO를 했고 드디어 그의 회사가 세상에 모습을 드러냈습니다. 이 회사는 삼성과 애플에 액정 관련 부품을 납품하는 업체였습니다. 장린이라는 여성 부호 역시 상당히 흥미로운 스토리를 가지고 있는 사람입니다. 그녀는 미국에서 폐지를 모아서 중국으로 보내고 그것으로 중국 제1의 펄프 제지 기업을 세웠습니다.

중국 부호들의 등장과 함께 우리가 주목해야 할 것은 그들의 순위입니다. 이 순위가 단순히 누가 돈이 더 많냐가 아니라 중국 경제의 단면을 보여주고 있기 때문입니다. 우선 중국의 부호 순위는 상당히 자주 바뀝니다. 미국의 경우에는 빌 게이츠와 워렌 버핏이 지난 10년 동안 교대로 부호 1, 2위를 기록했습니다. 큰 변동이 없었다는 이야기입니다. 하지만 중국은 지난 10년 동안 1위 부호가 12번이나 교체가 됐습니다. 이것은 중국 경제가 상당히 역동적으로 변화하고 있다는 것을 의미합니다. 마윈의 경우에는 작년부터 아주 좋은 성과를 거두기 시작했고 20%의 성장을 했습니다. 그러나 리허쥔은 무려 200% 성장을 하고 1위가 되었습니다.

정말 놀라울 정도로 역동적인 경제라고 할 수 있습니다. 리허쥔의 경우에는 2년 전에 1위를 했고, 많은 사람들이 그를 '중국의 빌게이츠가 될 것이다'라고 생각했습니다. 하지만 그렇지 않았습니다. 또 다른 사람이 계속해서 '중국의 빌게이츠'로 등극하고 있는 형세라고 할까요?

중국 부호들이 보여주는 새로운 모습들

중국 부호들은 과거의 부호들과는 상당히 다른 모습을 보여주고 있습니다. 가장 대표적인 것이 이제 더 이상 자신의 모습을 숨기지 않고 공개적으로 드러낸다는 점으로, 이는 중국 부호들의 투명성이 강화되고 있다는 의미로 해석할 수 있습니다. 마윈만 하더라도 10년 전에 만났을 때는 자신을 세상에 드러내기 싫어했습니다. 그 당시 제가 그의 이름을 말하고 다녔을 때 그는 다소 불쾌감을 표시했습니다. 이유는 단순했습니다. 자신의 이름이 공개적으로 알려지는 것이 싫다는 이유였습니다. 하지만 지금은 전혀 다릅니다. 이는 곧 중국의 기업인들이 단순히 돈만 많이 버는 것을 넘어서 '제대로 된 기업'을 일구려고 하고 있다는 의미입니다.

그렇다면 왜 수많은 중국 기업들이 과거에는 자신이 밝혀지기를 원하지 않았을까요? 그것은 바로 당시에는 부의 축적이 불법적인 수단을 통해서 많이 이뤄졌기 때문입니다. 실제로 중국 경제가 조금씩 투명해지면서 구속, 수감되는 기업인들이 많아졌습니다. 그러니 그들은 숨어 있고 싶어 했던 것입니다. 이를 반대로 보면 중국 경제가 투명해지고 있다는 의미이기도 할 것입니다. 제가 가지고 있는 중국 부호 리스트 2,200명 중에서 30명 정도가 구속되었습니다. 이는 중국의 고위급 간부들이 불법으로 구속되는 수치보다 높습니다. 민간 부분이 오히려 더 건강해지고 있다는 증거가 될 수 있을 것입니다.

중국 부호들의 또 다른 특징은 점점 기부 활동을 많이 하고 있다는 사실입니다. 이는 2008년의 쓰촨성 지진이 큰 계기가 되었습니다. 쓰촨성 지진이 일어나기 직전의 중국은 2008년 베이징 올림픽 준비에 여념이 없었고, 중국인들의 자국에 대한 자긍심 또한 꽤 높아진 상황이었습니다. 그런데 지진이 발생하면서 수만 명의 사람들이 사망했고, 이를 계기로 이전에는 한 번도 기부를 하지 않던 사람들이 기부를 하기 시작했습니다. 과거에는 그들이 기부를 하든 말든 상관이 없었습니다. 하지만 2008년에 기부가 시작되면서 사람들의 인식도 바뀌기 시작했습니다. '저 사람은 왜 돈도 많은데 기부를 하지 않지?'라는 인식이 확산되기 시작했던 것입니다.

마윈은 중국 최대의 기부자입니다. 그는 알리바바 주식의 1.2%를 재단에 기부했습니다. 저는 한 억만장자의 장례식에 초청 받은 적이 있습니다. 그 사람은 제가 과거에 인터뷰를 했

57

던 인물이었습니다. 그는 그 인터뷰에서 자신이 죽기 전에 자신의 재산 중 10억 달러는 기부하고 10만 달러만 자식들에게 물려준다는 내용의 유서를 작성했다고 밝혔습니다. 그가 죽기 전에 저를 장례식 초청 명단에 넣은 것은 그 유서의 신빙성을 조금이라도 더 높이기 위한 것이었다고 생각합니다.

이 이야기가 중국 언론에 보도되지는 않았지만 중국에서는 상당히 흔치 않은 일입니다. 그는 '자녀들이 스스로 자수성가를 할 수 없다면 돈을 받을 가치가 없고, 자수성가를 할 수 있다면 스스로 돈을 벌 것이니 줄 필요가 없다'라고 생각했던 것입니다.

기업인뿐만 아니라 정치인도 기부를 하고 있습니다. 주룽지 전前 총리는 정치인으로서는 최초로 기부를 했습니다. 외국에 있는 중국인 기업가의 기부 소식도 심심치 않게 들립니다. 이러한 기부를 통해서 중국 기업가들의 이미지가 달라지고 있습니다.

중국 부호들의
라이프 스타일

「후룬리포트」는 지속적으로 중국 부호들의 라이프 스타일에 대해 조사했습니다. 그들의 자녀 교육, 해외 여행, 해외 부동산 구입, 건강 등이 그 내용이었습니다. 58

중국 부자들이 좋아하는 브랜드
(남성기준)

❶ 애플

❷ 루이비통

❸ 구찌

❹ 샤넬

❺ 몽블랑

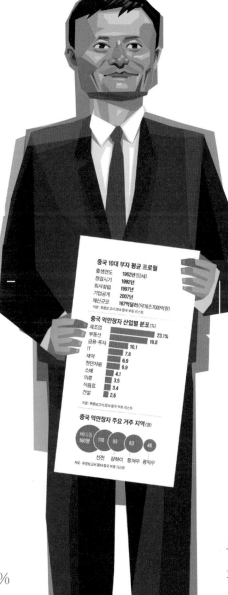

❻ 마오타이

❼ 에르메스

❽ 까르띠에

❾ 불가리

❿ 삼성

중국 10대 부자 평균 프로필

출생연도	1962년 (53세)
창업시기	1992년
회사설립	1997년
기업공개	2007년
재산규모	167억달러 (약16조7000억원)

자료: 후룬보고서 2014 중국 부호 리스트

중국 억만장자 산업별 분포 (%)

제조업	23.1%
부동산	19.8
금융·투자	
IT	10.1
제약	7.8
천연자원	6.9
소매	6.9
의류	4.1
식음료	3.5
건설	3.4
	2.6

자료: 후룬보고서 2014 중국 부호 리스트

중국 억만장자 주요 거주 지역 (명)

베이징 180명 / 선전 110 / 상하이 93 / 항저우 63 / 광저우 46

자료: 후룬보고서 2014 중국 부호 리스트

고등교육 못 받은
자수성가형 부자 61%

남에게 선물할 때
선호 브랜드 1위 애플

부동산 매입가격
평균 100만 달러

강력한 학연 이너 서클
1세대는 부동산, 제조업

우선 중국 부호의 평균치를 조사해 본 적이 있습니다. 일단 적어도 '부호'라는 명칭을 얻기 위해서는 평균 3억 달러의 재산이 있어야 합니다. 그리고 그들의 평균연령은 53세로 상대적으로 다른 나라의 부호들보다는 젊은 편에 속합니다. 부인들은 모두 20세 정도가 젊고, 평균 2명 정도의 자녀를 두고 있으며, 자녀의 평균연령은 대학생 정도입니다.

또 이들은 대개 1990년대 초반에 사업을 시작했습니다. 덩샤오핑이 중국 남부에 가서 중국 경제인들에 힘을 실어주어야 한다는 취지의 발언을 하면서부터 사업을 시작했던 것입니다. 그 후 5년이 지나 그들은 손익분기점을 통과했고 평균적으로 2007년경에 IPO를 했습니다. 그 후 또다시 4~5년 뒤부터 높은 수익을 창출했고, 2010년대 초반부터 전 세계로 진출하면서 지금과 같은 부를 이뤄냈습니다. 그들이 큰돈을 벌어들인

분야는 바로 부동산과 IT입니다. 전 세계적으로도 부는 이 두 가지 분야에서 생겨납니다. 중국 역시 도시화가 진행되었고 성공한 IT 기업들이 많기 때문에 이 범주에서는 크게 벗어나지 않고 있습니다.

돈을 많이 버는 만큼 해외 여행에 대한 관심도 지속적으로 늘어나고 있습니다. 현재 해외 여행을 하는 중국인들의 숫자는 4천만 명에 육박합니다. 이 숫자는 매우 빠르게 증가하고 있습니다. 한국에도 많은 중국인들이 오긴 하지만, 사실 중국의 돈 있는 부자들이 가고 싶어 하는 곳은 한국이 아닙니다.

1위는 프랑스, 2위는 오스트레일리아, 그리고 3위는 작은 섬인 몰디브입니다. 두바이와 스위스도 주요 여행 리스트에 올라있습니다. 여기에서 한국은 10위권 정도입니다. 이 여행지들은 중국 서민들이 아닌, 적어도 5천만 달러 이상을 가지고 있는 부호들이 선호하는 여행지라고 할 수 있습니다.

그런데 최근에 중국 부호들 사이에서 이슈가 되고 있는 여행지가 있습니다. 그곳은 바로 남극입니다. 최근 2년 동안 많은 중국 부호들이 남극을 다녀왔고, 그들은 그것이 '하나의 트렌드다'라고 말하고 있습니다. 사실 기업가들이 남극을 찾는 경우는 흔치 않습니다. 제가 아는 영국 기업가들에게 물어봐도 그들이 남극을 찾는 경우는 많지 않습니다. 중국의 부호들이 남극을 찾는 이유는 여행지로서 생경하기도 하거니와 그들의 도전 정신을 자극하는 것이 남극에 있기 때문이라고 생각됩니다.

루퍼트 후거워프

중국 부호들의 1년 평균 여행 횟수는 4회 정도, 5천만 달러 이상의 부호들의 경우에는 6회 정도로 나타났습니다. 그중 절반은 개인 관광의 목적, 다른 절반은 비즈니스를 겸한 여행이었습니다.

　이들이 여행을 가는 시기는 특정하게 정해져 있지 않았습니다. 아무래도 시간에 얽매이는 직장인들이 아니다 보니 특정 시기에 여행을 하는 것은 아닙니다. 다만 학교를 다녀야 하는 자녀들 때문에 중국의 공휴일에 여행을 가는 경우가 많습니다. 백만장자들의 평균연령은 39세, 억만장자들의 평균연령은 43세 정도이기 때문에 자녀들은 대략 초등학생에서 중학교 정도가 됩니다. 따라서 자녀들과 함께 여행을 가기 위해서는 10월 공휴일과 구정 연휴가 적기이기 때문에 이 시기에 집중적으로 떠납니다.

　다음은 명품에 돈을 지출하는 비중입니다. 3년 전에는 러시아 기업인들이 세계 명품 소비에서 1위였습니다. 그런데 지금은 중국이 전체 명품 소비의 30%를 차지하고 있고 러시아는 13% 밖에 되지 않습니다. 이 30%의 수치는 중국 본토만 따진 것입니다. 타이완과 홍콩까지 모두 합치면 35%까지 늘어납니다. 전 세계의 명품 시장을 중국이 좌지우지하고 있다고 해도 과언이 아닙니다. 또한 이러한 수치는 매년 상승하고 있는 추세입니다. 실제 중국에서는 반부패, 절약 캠페인이 이어지고 있기 때문에 중국 내의 소비보다는 중국 밖에서의 소비를 많이 선호하고 있습니다.

중국 부호들이 명품을 구입하는 곳은 역시 프랑스가 1위이며, 독일, 영국, 이탈리아 등지로 여행을 가서 쇼핑을 하곤 합니다. 하지만 최근 위안화 강세로 인하여 일본과 한국에서도 명품 소비가 늘어나는 추세를 보이고 있습니다.

이러한 명품 소비는 중국의 선물 관행에도 영향을 미치고 있습니다. 과거 중국에서는 담배를 선물로 주고받기도 했는데, 이제 담배를 주는 사람은 자취를 감추었습니다. 제일 선호하는 것이 바로 전자제품, 특히 애플과 삼성의 제품들이 '선물하고 싶은 품목' Top 10에 들어 있습니다. 과거에는 롤렉스 시계가 순위에 들어 있었지만, 이제 정부 관료들과 롤렉스를 주고받으면 구속이 되기 때문에 Top 10에서 제외되고 말았습니다. 한 가지 특이한 선물은 마오타이주(酒)입니다. 마오타이주는 중국인들이 선호하는 럭셔리 브랜드 Top 10에서 4위에 올랐습니다. 중국 내에서만큼은 벤츠보다 더 선호한다는 것입니다. 그런데 흥미로운 것은 마오타이를 만들어내는 회사에서 "우리는 럭셔리 브랜드가 아니다"는 선언을 했다는 점입니다. 한 병당 300달러로 정부 관료들이 연간 수백 리터씩 마시는 이 술을 만드는 회사가 스스로 럭셔리가 아님을 주장하고 있는 것입니다.

향후 중국의 선물 문화는 다양한 정치적, 경제적 계기와 맞물려 계속해서 변화할 것으로 예상되고 있습니다.

루퍼트 후거워프

중국 부호들의
자녀 교육

중국 부호들의 자녀 교육은 '글로벌'이라는 단 한마디로 요약할 수 있습니다. 중국 사람들이 "세계 여러 나라의 사람들과 다른 점이 무엇이냐"고 물어보면 저는 "자녀 교육"이라고 말합니다. 제가 인터뷰한 중국 기업가들의 80%는 자녀를 유학 보낼 생각을 가지고 있었습니다. 이는 어마어마한 수치입니다. 영국 백만장자가 자녀를 유학 보내는 것은 10%에 불과하고 프랑스는 5% 이하입니다. 반면 중국은 80%라는 이야기입니다. 자녀를 유학 보낼 때 선호하는 국가도 정해져 있습니다. 일반적으로는 화교가 많은 오스트레일리아나 캐나다로 유학을 보낼 것 같지만, 실제 이들 나라는 중국 부호들 사이에서 선호하는 곳이 아닙니다. 고등학교는 영국이 1위이며, 대학교와 그 이상의 교육은 미국이 1위입니다. 이 통계는 전반적인 고등학교를 포함한 모든 학교를 포함한 것입니다.

또한 해외에 유학을 처음 가는 시기도 많이 달라졌습니다. 과거에는 석사와 박사 학위 취득을 위해 유학을 갔습니다. 보통은 부모들이 계속 일을 하고 돈을 버느라 아이들을 챙겨주지 못하다가 다 자란 다음에 석사를 하러 미국에 가고 졸업식 때나 부모님이 오시는 그런 관행이 있었습니다. 그러나 지금은 훨씬 더 어린 나이에 유학을 떠납니다. 현재 중국의 교육 제도에 문제가 많고 아이들도 스트레스를 많이 받고 있기 때문입니다.

"중국 기업가의 80%는
자녀의 유학을 생각합니다.
백만장자들의 평균연령은 39세,
억만장자들의 평균연령은 43세,
이들의 자녀는 대략 초등학생에서
중학생 정도가 됩니다."

경쟁이 심해서 시험 결과는 좋지만 과연 이것이 올바른 교육이냐는 문제가 제기되고 있습니다. 따라서 1억 달러 이상을 가지고 있는 슈퍼 리치들이 유학을 보내는 자녀들의 평균 나이는 16세로 앞당겨졌습니다. 즉 고등학교 2년을 보내고 그 다음에 케임브리지, 하버드, 예일 등을 보내고 싶어 한다는 이야기입니다.

백만장자 같은 경우에는 보통 18세에 자녀 유학을 보냅니다. 유학을 보낼 때에는 최소 연간 5만 달러는 들기 때문에 만약 16세에 유학을 떠나 7~8년간을 해외에 있게 되면 상당히 큰돈이 필요할 수밖에 없습니다. 또한 어린 나이에 해외로 가기 때문에 부모 역시 1년에 한 번씩 자녀를 만나러 해외로 가고 있습니다.

자녀들뿐만 아니라 기업가 스스로도 교육을 지속적으로 받고 있습니다. 장강상학원CKGSB, 칭화대학 등의 경영대학원이 인기를 얻고 있습니다. 제가 알고 있는 기업가들 역시 지금 이 학교 중 한 곳에 다니고 있습니다. MBA 하나 이상을 받는 경우도 많이 있습니다.

또한 현재 중국 부호들은 이민에 대해서도 많은 생각을 하고 있습니다. 저희가 출간한 이민 관련 백서를 보면 중국 부호들이 선호하는 지역은 1위가 로스앤젤레스LA, 2위가 샌프란시스코, 3위가 밴쿠버, 4위가 뉴욕, 5위가 토론토입니다. 5대 도시 모두가 북미 지역에 몰려 있는 셈입니다. 국가별로 봤을 때는 미국이 1위이고, 시드니, 멜버른도 많이 선호하는 지역입니다. 유럽에서는 런던이 유일하게 포함되어 있습니다.

우리가 생각하는 것보다 많은 사람들이 이민을 원하고 있습니다. 백만장자 중국 기업가들 가운데 64%가 이민을 생각하고 있기 때문입니다. 이는 과거 80년대 후반 일본의 경제가 상당히 좋아졌을 때와는 사뭇 다른 흐름입니다. 일본인들은 백만장자가 되어도 외국으로 이민을 가거나 혹은 해외 부동산을 구입하려는 사람들이 그리 많지 않았습니다. 하지만 중국은 완전히 다른 양상을 보인다는 것이 특징입니다. 특히 중국인들의 해외 부동산 구입은 빠른 속도로 확산되고 있습니다. 중국의 외환보유고는 3조 7천 억 달러인데, 이 중 10%인 3천억 달러가 지난 6개월 동안 해외로 빠져나갔습니다. 투기 자금이기도 하지만 상당수는 부동산 투자로 인한 것으로 분석되고 있습니다.

수집에 취미를 붙인
중국 부호들

중국 부호들의 가장 이색적인 모습 중의 하나는 바로 '수집'에 관한 취미입니다. 특히 그중에서도 시계를 많이 수집합니다. 어떤 중국 부호에게 물어보면 "시계는 100개 정도 있습니다"라고 답변합니다. 제가 아는 중국 부호 10명 중에 7명 정도가 수집을 취미로 하고 있습니다. 그래서 저는 바로 이것이 중국 부호의 특징이라는 생각을 하게 되었습니다. 물론 영국 사람들도 수집을 하지만 중국 사람들처럼 하지는 않습니다. 중국 부자는 최소 2만 달러짜리 시계를 찹니다. 일반인들이 보기에는 정말로 어마어마한 가격입니다. 그들은 대개 2007년 경부터 수집을 시작했으며 도자기, 주류, 클래식 카, 예술품 등을 수집합니다. 중국 부자 중에 류이첸과 왕웨이 부부가 있습니다. 이 사람들은 예술품 수집으로 굉장히 유명합니다. 17g의 작은 그릇을 2천만 달러에 구입해 거기에 술을 마신다고 합니다. 왕쥔쥔이라는 사람은 3개월 동안 6천만 달러의 예술품 2개를 샀습니다. 한번은 그에게 물어봤습니다. 왜 그렇게 비싸게 예술품을 구매했냐고 했더니 "원래는 8천만 달러로

예상했는데, 6천만 달러라고 해서 싸다는 생각이 들어서 2개를 샀다"고 했습니다.

이러한 수집에 관해서는 중국어로 '투하오土豪'라는 단어를 알 필요가 있습니다. 이 말은 '제대로 된 안목이 없는 벼락부자'라는 뜻입니다. 사업가들이 한 테이블에 앉아서 이야기할 때 농담으로 "이 사람이 제일 큰 투하오야"라고 합니다. 안목이 없어서 아무 데나 돈을 쓰고 다닌다는 것을 의미합니다. 이처럼 현재 중국의 부호들은 넘쳐나는 돈을 수집에 쓰고 있으면서도 때로는 안목이 없음을 탓하는 흥미로운 모습을 보여주고 있습니다.

건강은 중국뿐만 아니라 세계 모든 부호들의 관심 1순위일 것입니다. 건강해야 그 부도 오래 누릴 수 있기 때문입니다. 10년 전까지만 해도 중국 부호들은 술도 많이 마셨고 무엇이든 자신이 먹고 싶은 대로 먹었습니다. 하지만 이러한 풍경도 이제 많이 바뀌었습니다. 술은 여전히 많이 마시지만 되도록 비싼 것을 먹어서 몸을 보호하려고 합니다. 대신 운동에 좀 더 많은 관심을 기울이고 있습니다. 부호들은 평균적으로 일주일에 3시간 가량 운동을 하는 것으로 조사되었습니다. 이것은 하루에 30분 정도 운동하는 것으로 이상적인 운동량이라고 할 수 있습니다. 운동은 골프와 수영이 주를 이루고 있는데, 최근에는 조깅이 새롭게 인기를 얻고 있습니다. 해외 출장이 많은 이들이 골프와 수영을 정기적으로 하기는 힘들기 때문입니다. 여성의 경우에는 요가가 1위를 차지했고 승마, 폴

69

로 등을 좋아하는 사람들도 늘어나고 있습니다.

종교인이 생각보다 많습니다. 무교가 약 절반 가량이었고, 1위가 불교, 2위가 기독교이고 나머지가 이슬람교였습니다. 기독교와 가톨릭을 합치면 전체의 7%인데, 이는 중국 평균보다 높다고 할 수 있습니다. 그러니까 부자일수록 종교를 가지고 있고 여성보다는 남성들이 종교를 더 많이 가지고 있었습니다. 중국이 공산국가임을 상기한다면 기업인들과 종교의 관계가 매우 밀접한 관계를 맺고 있다는 것을 알 수 있습니다.

중국 부호들은 '은퇴'에 대한 생각도 독특했습니다. 대부분 45세 정도에 은퇴를 하고 싶다고 했는데, 이때의 은퇴는 일에서 완전히 손을 떼는 것이 아니라 '투자를 하면서 인생을 즐기는 것'을 의미합니다. 그들은 자신이 계속해서 경영을 하게 되면 기업을 실질적으로 더 발전시키기 힘들 것이고, 따라서 경영은 다른 사람에게 맡기고 자신은 장기적으로 다른 방식을 통해 기업의 가치를 높이겠다는 생각을 가지고 있었습니다.

이제 결론을 지어보겠습니다. 중국 부호들의 차별화된 특징이 무엇인지 물으신다면 ▲80% 가까운 부호들이 자녀들을 외국으로 유학을 보내고 있고 ▲글로벌 시민이 되고 있고 기부에 대한 인식이 바뀌고 있으며 ▲해외에서 주택을 매입하고 ▲명품 수집 등 전례가 없는 일을 한다는 것입니다. 이와 같은 변화는 지금도 계속 이어지고 있으며, 아주 가까운 미래에 이보다 더한 중국의 놀라운 변화를 보게 될 것입니다. 저는 45

년밖에 살지는 않았지만 이와 같은 놀라운 변화를 본 적은 없는 것 같습니다.

세계적인 부호들은 대개 산업화 혁명을 기점으로 탄생했습니다. 그리고 그때 탄생한 부가 오늘날까지 이어지고 있습니다. 중국 부호들의 모습은 마치 산업화 혁명 시대를 연상케 합니다. 록펠러, 카네기 일가가 해냈던 부의 창출을 오늘날 중국에서 볼 수 있습니다. 그래서 앞으로 중국 부호들이 전 세계 경제에 미칠 영향력은 더욱 커질 것이라고 예상할 수 있습니다.

루퍼트 후거워프 후룬리포트 대표 & 수석연구원

루퍼트 후거워프(중국명: 후룬 胡潤)는 중국판 포브스 억만장자 리스트인 후룬리포트의 발행인이자 대표이다. 그는 오랜 기간 중국 부자들의 재산과 기부 내역, 지출 성향 등을 심층 추적해 대중에 공개해 온 중국 비즈니스 최고의 길라잡이다. 그는 2002년 중국 뉴위클리지(New Weekly Magazine)가 선정하는 '올해의 인물'에 꼽혔고, 2009년엔 상하이시 정부가 가장 영예로운 외국인에게 수여하는 '매그놀리아 어워드(Magnolia Award)'를 수상했다. 중국 여성 기업인의 위상을 높인 공로로 중화전국부녀연합회 연간 시상식에서 최우수상(2010)을 받기도 했다. 그는 지난 1999년부터 중국 100대 부호들의 재산과 스토리를 추적하여 풀어왔다. 이 리포트 중엔 해마다 공개되는 '중국 부자 명단(후룬백부)'이 가장 유명하다. 최근엔 전 세계 억만장자(10억 달러) 2,089명의 자산을 집계한 '2015 세계 부자 순위'로 화제를 모았다.

루퍼트 후거워프

CKGSB장강상학원 교수_간지에

중국 주식시장의 특징,
그리고 미래 발전 방향

중국 주식시장은 다른 여느 나라의 주
식시장과 다른 몇 가지 특징들이 있습니다. 이는 다른 나라들
과는 비교할 수 없을 정도로 매우 독특합니다. 이 몇 가지의
특징들을 알게 되면 중국 주식시장에 대한 개략적인 모습이
머릿속에 그려질 것입니다.

우선 중국은 개미 투자자들의 비율이 월등하게 높습니다.
전체 투자자의 57%가 개인입니다. 문제는 그들이 주식 투자
에 앞서 제대로 된 투자 교육을 받지 않았고 금융 지식도 상당
히 부족하다는 점입니다. 이 말은 곧 그들이 군중심리에 상당
히 많은 영향을 받는다는 것을 의미합니다. 이것은 곧 중국 주
식시장의 약점을 단번에 드러내는 구조라고 할 수 있습니다.
군중심리에 의해 좌지우지되다 보니 한번 폭락하기 시작하면
걷잡을 수 없을 정도로 폭락할 수 있는 구조를 가지고 있기 때
문입니다.

그렇다면 중국 사람들은 왜 이렇게 군중심리에 의지해서
주식 투자를 할까요? 그것은 중국인들의 문화와도 관련이 있

73

습니다. 중국인들은 인간관계를 굉장히 중요하게 생각합니다. 만약 미국이라면 투자에 대한 이야기는 성SEX에 대한 이야기보다 어려운 주제일 것입니다. 하지만 중국은 그렇지 않습니다. 예를 들어 어떤 사람이 특정 종목으로 돈을 벌었다고 하면, 친구들도 모두 함께 그 종목을 삽니다. 앞서 언급했듯이 금융 지식과 투자법에 대한 지식이 없는 상태이니 눈에 보이는 실제 지인의 사례가 그들을 집단적으로 움직이게 하는 것입니다. 특히 모바일의 발전은 이러한 군중심리의 쏠림 현상을 더욱 가속화했습니다. 인터넷으로 어떤 종목을 사고 얼마를 벌었는지가 실시간으로 중계되다시피 하니 군중심리는 더욱 강하고 빠르게 작용합니다. 이런 상황 때문에 거래량 자체도 많다는 특징을 보이고 있습니다.

두 번째 특징은 바로 중국의 기관투자자들에게서 보이는 모습입니다. 이들 역시 여느 나라의 기관투자자들과는 다른 양상을 보입니다. 우선 중국 기관투자자들의 경우 다른 국가의 글로벌 투자기관들과 비교를 했을 때 전문성이 낮습니다. 최근 들어 많이 나아졌다고는 하지만 그 격차는 여전하다고 할 수 있습니다. 그런데 그들이 스스로의 투자를 평가하는 방법이 좀 남다릅니다. '장기적인 관점에서 어느 정도의 퍼포먼스를 올렸냐'가 중요한 것이 아니라 '다른 기관투자자들의 성과가 어느 정도 되느냐'라는 것입니다. 이런 상황에서는 역시 개미 투자자와 마찬가지의 군중심리가 작용하게 됩니다. 인기 있는 주식에 쏠림 현상이 있다는 말입니다. 이러한 현상 역시

주식시장의 변동성을 크게 만드는 한 요인으로 작용하게 됩니다. 변동성이라는 것은 기본적으로 거래에 의해 생기는 것이기 때문에 개미나 기관투자자들의 군중심리에 의한 쏠림 현상이 변동성을 크게 만드는 것입니다.

외국 투자자들이 관심 가져야 할 중국의 주식 제도와 환경

중국 주식시장은 1990년대에 시작돼, 이후 20년간 성장을 거듭하며 시가총액이 30조 위안(약 5500조 원)에 이르는 거대한 시장이 되었습니다. 이는 한마디로 놀라운 성과라고 할 수 있습니다. 문제는 주식시장과 관련된 각종 제도와 법규가 글로벌 수준과는 여전히 차이가 크다는 것입니다. 가장 대표적

"과거 중국에 '국진민퇴'라는 말이 있었습니다.
국가는 점점 더 강력해지고 있지만 민간 부분은
점점 더 환경이 나빠지는 상황을 말합니다.
이는 수익률이 높은 비즈니스의 영역은 모두
대형 국영기업들이 독점을 하고
있었기 때문에 일어나는 현상입니다."

인 것이 바로 불법을 예방하거나 처벌하는 법적 조항이 미비하다는 것입니다. 예를 들어 주가 조작을 하던가, 혹은 내부 거래를 했을 때 적발되더라도 그리 많지 않은 벌금만 내면 됩니다. 형사적으로 처벌될 가능성도 거의 없습니다. 물론 앞으로 이런 부분은 개선이 되겠지만, 어쨌든 현재의 시점에서는 글로벌 수준과는 차이가 많다는 것을 염두에 두어야 합니다.

중국은 투자자 보호제도 역시 상당히 부족합니다. 미국의 경우에는 굉장히 강력한 보호제도가 있습니다. 대표적인 것이 투자자들의 집단 소송입니다. 만약 미국에서 주식 투자를 했는데 엄청난 대폭락을 했다고 칩시다. 그러면 개인 투자자들이 모여서 회사를 상대로 소송을 진행합니다. 이러한 제도가 복잡하기는 하지만 투자자 입장에서는 큰 보호 장치가 될 수 있습니다.

어떤 경우에는 몇 억 원을 받아서 그중 3분의 1은 변호사에게 줄 수도 있겠지만, 그래도 민주적인 시장을 만들어 나가는데 큰 역할을 한다고 볼 수 있습니다. 변호사들도 굉장히 큰 수익이 나기 때문에 이런 경우 적극적으로 나서서 투자자들을 모으고 집단 소송을 하고 있습니다.

이렇듯 투자자 보호제도는 자본시장에 있어서는 중요한 요소 중의 하나라고 볼 수 있습니다. 하지만 지금 현재 중국에서는 투자자들의 이러한 집단 소송 제도가 없습니다. 집단 소송을 제기할 수 있지만 이에 대해서 법원이 수리를 하지 않기 때문에 아예 소송 자체가 진행되지 않습니다.

77

이는 곧 중국 주식시장에 대폭락 사태가 벌어질 때 엄청난 사회적 문제를 야기할 수도 있다는 이야기입니다.

중국 주식 시장의 또 다른 특징은 주식시장의 메커니즘에 대한 것입니다. 여러 가지 불합리한 점이 많기 때문에 결국 개미 투자자들은 돈을 벌지 못하는 경우가 상당히 많이 생겨나고 있습니다. 우선 공매도 제도가 발달해 있지 않고, 비리 역시 상당히 많습니다. 이 사실은 곧 주식을 투기로 바라보는 사람들이 많아진다는 것을 의미합니다. 뿐만 아니라 IPO 심사 제도에 있어서도 개선을 해야 할 부분이 많이 있습니다. 최근 중국 주식시장은 등록제로 바뀌고 있는 상황입니다. 그러나 이렇게 되면 주식 가격에 대한 공감대가 형성되지 않는다는 단점이 있습니다. 이는 합리적인 주식시장의 운용에 방해가 될 가능성이 있습니다.

또한 중국 주식시장에서 가장 이해할 수 없는 부분 중의 하는 많은 투자자들이 돈을 벌지 못한다는 사실입니다. 약 70%의 사람들이 돈을 잃고, 20%는 원금을 되찾을 뿐이며, 10%만 돈을 법니다. 7:2:1의 시장인 셈입니다. 이는 곧 실제 수익률과 시장 수익률 사이의 격차가 상당하다는 의미이며, 이는 곧 중국 주식시장이 안정성을 가지지 못하고 있다는 의미로 해석할 수 있습니다.

중국 시장은 이처럼 개인 투자자 및 기관투자자들이 군중심리에 의해 움직이고, 여기에 제도적, 법적 사항이 미비하다는 특성을 가지고 있습니다. 물론 이러한 시장도 미래에는 분

명히 바뀔 여지가 있을 것입니다. 하지만 현재 중국 주식시장
공략을 원하거나 혹은 관련된 비즈니스를 할 경우에는 이런
부분을 충분히 감안해야 할 것으로 생각됩니다.

간지에 CKGSB(장강상학원) 교수

간지에는 중국 경영대학원인 CKGSB의 금융학 교수이자 교내 금융 및 경제
성장연구소장이다. 그는 메사추세츠공대(MIT)에서 박사학위를 받았고, 홍콩과
학기술대(HKUST)와 컬럼비아 경영대학원 교수로 재직했으며, 유수의 학술지
에 재무금융 분야의 다양한 이슈를 다루는 논문을 게재해 왔다. 현재는 분기
별로 중국 산업경제 전반에 대한 조망을 내놓고 있다. 2010년 최고 논문에만
수여되는 브레넌 어워즈에 입상했으며 우수한 강의력을 인정받아 다수의 교
수상을 받았다. 그녀의 연구 업적과 교수법을 다룬 기사들은 파이낸셜타임스
(FT), 이코노미스트, 월스트리트저널(WSJ)을 포함한 다수의 매체에서 소개되
고 있다.

79

중국의 부와 낙수효과

Q 현재 억만장자 슈퍼 리치가 미국보다 중국이 더 많다고 말씀해 주셨습니다. 그렇다면 중국 경제가 미국을 앞지르거나, 중국이 제 1위 경제 대국이 될 것이라고 생각하시나요? 또한 현재 중국 내에 부호들이 늘어나고 있음에도 부익부 빈익빈이 굉장히 심한 것으로 알고 있습니다. 따라서 부유한 사람들의 숫자와 전반적인 경제와의 관계도 궁금합니다.

중국의 부호와 중국 경제의 관계는 어떻게 될까요?

A **루퍼트 후거워프** 중국의 대학에서 강연을 하면서, 사업가가 되고 싶은 학생들이 있는지 물어보면 15년 전엔 10% 정도였는데 지금은 50%에 육박하기도 합니다. 중국 청년들은 현재 부자가 되고자 하는 열망을 가지고 있으며, 열심히 일해서 운이 좋으면 나도 성공할 수 있다고 생각하고 있습니다. 하지만 1990년대에 제가 베이징에서 학교를 다닐 때에만 해도 부자에 대한 열망이 이렇게 강하지는 않았습니다. 그때 대학의 교수들은 중국에서 부자인 사람들은 ▲공산당을 통해서 돈 번 경우 ▲군대의 부정부패를 통해서 돈 번 경우 ▲수출입에서의 부정부패를 통해서 돈 번 경우 ▲밀거래를 통해서 돈 번 경우 ▲무기를 통해서 돈 번 경우라고 가르쳤습니다.

중국에서 부자들은 딱 이 '다섯 종류의 사람' 밖에 없다는 이야기입니다. 이렇듯 90년대까지만 해도 중국의 부자들은 모두 부정부패에 연관이 되어 있다고 생각했던 것입니다. 하지만 요즘에는 마윈 같은 사람들이 새로운 모델이 되고 있습니다. 여러분들만 그들에게 영감을 받는 것이 아니라 중국 사람들도 마찬가지입

중국 정부는 증시를 계속 부양할 것으로 예측됩니다

80

니다. 그들은 연사로서도 인기가 상당히 높습니다. 중요한 것은 과거보다 훨씬 많은 사람들이 부자가 되고 싶어 한다는 사실입니다. 부자에 대한 긍정적인 이미지는 새로운 부호들이 기부 활동을 많이 하는 것에도 영향을 받고 있습니다.

저 역시도 중국의 부호가 늘어나는 것과 중국 경제 사이의 연관성에 대해서 스스로 많은 질문을 해왔습니다. 한번은 중국의 정책 입안자와 이 이야기를 나눈 적이 있습니다. 그는 "중국 기업들이 커져서 해외에서 M&A를 할 수 있도록 주식시장을 키우는 것이 목표다."라는 말을 했습니다. 이는 앞으로도 중국의 부호와 그들이 상당한 돈을 번 주식시장이 아주 밀접한 관계를 가지고 있으며 더 역동적으로 변할 수 있다는 가능성을 내포하고 있습니다. 중국 주식시장에 관심을 가져야 하는 이유는 바로 이것입니다. 물론 일시적으로 주가가 떨어질 수는 있습니다. 하지만 그렇다고 50%, 100%가 떨어지지는 않을 것입니다.

현재 중국 정부에서는 이러한 상층부의 부(富)가 낙수효과를 거둘 수 있을지 의문을 가진 사람도 있습니다. 또한 주식시장은 2배 이상 성장했지만 그 근저에 있는 경제는 그만큼 성장하지는 않았습니다. 결국 중국 시장은 긍정성과 부정성을 동시에 가지고 있다는 의미입니다. 이 부분은 앞으로도 더 예의주시해서 봐야 할 부분인 것 같습니다.

중국 주식시장 공략의 포인트

Q 현재 중국 증시가 굉장한 강세를 보이고 있습니다. 성장 속도가 빠르기 때문에 혹시 거품이 있지 않을까 하는 우려가 있고, 또 혹시 그 거품이 꺼지면 급락하지 않을까라는 두려움이 있는 것도 사실입니다. 중국에 투자하는 한국의 기관투자자들은 어떤 부분에 관심을 가지고 접근해야 하는지 말씀을 부탁드립니다.

중국 증시,
거품은 아닙니까?

A **간지에** 현재 중국 주식시장을 버블이라고 한다면 이는 구조적인 버블이며 전반적인 버블은 아닙니다. 블루칩 주식 같은 경우엔 아직도 가격이 낮은 수준입니다. 해외 국가와 비교해 봤을 때 높다고도 할 수 없지만 낮다고도 할 수 없습니다. 그래서 만약에 미래의 생산성을 염두에 둔다면 블루칩은 괜찮아 보입니다. 하지만 중소기업이나 벤처기업들 같은 경우에 상당히 가치가 높습니다. 따라서 중국 시장의 구조적인 버블과 제도적인 문제에 대해서 주의해야 하는 것이 첫 번째일 것입니다.

일반 투자자들에게 있어서는 아주 큰 리스크가 될 것입니다. 그렇게 때문에 투자하려고 하는 기업의 기본적인 구조에 대한 분석을 기반으로 해서 장기적인 투자를 하기 바랍니다. 그리고 믿음을 가지고 장기적으로 성공할 수 있다고 생각하면 그 종목을 사기 바랍니다. 무엇보다도 시장에서의 차익거래 기회를 노리시길 권합니다. 보다 성숙한 기관투자자라면 바로 이러한 방향에서 수익 창출의 기회가 있을 것이라고 생각합니다.

블루칩을 관심 있게
지켜보고 차익을
노리세요

주식투자, 공격보다는 방어

어떤 종목에
투자하면 좋습니까?

Q 어떤 종목들이 좋을지에 대해서 가장 관심이 많습니다. 종목 설명을 들어봤으면 합니다.

중국 증시가
현금인출기까지는
아니어도
분명 희망은 있습니다

A 간지에 개인적으로 봤을 때 향후 중국 주식시장은 앞으로 더 개선될 여지가 많습니다. 자본의 개혁과 개방이 더 빠르게 추진될 것이고, 외국 자본의 중국 투자도 더 활발해질 것이라고 여겨집니다. 하지만 여전히 위험성도 있습니다. 주가 조작 때문에 크게 폭락한 경험이 여러 번 있었기 때문입니다. 그래서인지 글로벌 언론에서는 중국 주식시장을 '도박장'에 비유하곤 합니다. 하지만 제 생각에 그 정도까지는 아니라고 봅니다. 아주 잘 작동하는 현금인출기까지는 아니더라도 여전히 희망이 있는 곳이라고 생각합니다. 하지만 주의해야 할 점은 공격적인 투자도 좋지만 방어적인 투자를 해야 한다는 점입니다. 이것은 축구를 하는 것과 마찬가지입니다. 가장 중요한 것은 방어입니다. 공을 잘 막아야만 최선의 공격을 할 수 있습니다. 수익률이 상당히 좋은 종목도 있지만 이런 주식들만 좇다보면 최종적으로는 투자에 실패할 우려가 있습니다.

중국 중산층과 관련된 비즈니스 ▬▬▬▬▬

Q 한국의 기관투자자들 같은 경우에 중국 시장에 투자하는 것에 대한 어려움이 적지 않습니다. 이율도 낮고 정책적 이해 역시 필요하기 때문에 이러한 어려움이 생겨나고 있습니다. 하지만 여전히 한국의 기관투자자들은 중국의 채권에 관심이 많습니다. 한국 기관투자자들 입장에서 여러 방면의 투자 기회를 모색한다면 어떤 길이 있을까요?

새로운 투자의 기회,

어디에서 찾아야 합니까?

A 간지에 일반적으로 장기 투자를 모색할 경우에는 구체적인 '투자 종목'을 고민하게 됩니다. 저희가 주목하는 종목은 중국의 중산층 부상과 관련된 종목입니다. 과거의 중국 국민들은 대부분이 가난했습니다. 덩샤오핑 총서기가 중국 시장을 개방하고 일부 사람들을 먼저 부자가 되게 하자는 정책을 제시한 이후 정말로 국민들의 일부는 부자가 됐습니다. 그리고 지금 대부분의 중국 사람들은 중산층 이상의 삶을 살기를 바라고 있습니다.

개별 종목보다는

성장 잠재력이 큰

산업분야에 주목하세요

이런 측면에서 저희는 세 가지 관점으로 중국 시장을 바라보고 있습니다. 그 첫 번째는 바로 의료와 보험 분야입니다. 헬스 케어 같은 부분 역시 앞으로 중국 사람들이 지출을 늘려갈 영역이라고 봅니다.

두 번째로 관심을 가지는 것은 미디어와 엔터테인먼트 분야입니다. 중국 국민들의 생활수준이 향상됨에 따라서 자신만의 라이프 스타일이 추구하고 있으며 이에 따라서 미디어에 지출하는 비중도 늘어날 것이라고 생각됩니다. 영화도 더 많이 보고 옷도 많이 사고 여행도 많이 갑니다. 중국에 대한 아주 성공적인 투자의

84

예는 미국의 아이맥스라고 생각합니다. 아이맥스를 운영하는 회사는 미국과 협력하여 중국에서 독점적으로 사업을 하고 있습니다. 중국의 영화관과 관련된 기업들은 연평균 30~40% 성장률을 보여주고 있습니다. 한국의 CJ 엔터테인먼트도 중국에서 많은 멀티플렉스 영화관을 운영하고 있습니다. 따라서 이러한 미디어 엔터테인먼트 쪽의 종목이 잠재력이 크다고 생각합니다.

그 다음은 자동차와 관련된 종목입니다. 자동차 산업은 지금 굉장히 빠르게 성장하고 있는 분야입니다. 과거에는 신규 차량을 중심으로 매입이 많았지만 최근에는 중고 자동차도 매입을 하고 있습니다. 미국 같은 경우에는 새 차 한 대가 판매될 때마다 세 대의 중고차가 거래되고 있습니다. 그래서 중고차 시장의 거래량이 신차 시장보다 훨씬 큽니다. 중국도 조만간 이러한 시장이 성장할 것이라고 봅니다. 그리고 차량을 판매하는 판매업자는 자동차 관련된 할부금과 관련하여 많은 수익을 올리고 있습니다. 이것이 차량을 판매하는 금액보다 더 클 것으로 조사되고 있습니다. 아마도 전체 자동차 서비스 산업 부분에서 아주 커다란 비즈니스 기회가 창출되리라고 생각합니다.

지금 말한 종목들이 바로 중국 중산층의 부상과 관련된 종목들입니다. 여기에서 새로운 기회를 찾을 수 있으리라 생각합니다. 물론 종목만이 중요한 것이 아니라 구체적인 종목도 중요할 것입니다. 그러나 만약 종목을 잘못 선정한다면 아무리 개별 종목을 잘 선택하더라도 좋은 결과를 거두긴 쉽지 않습니다.

또한 투자를 결정할 때에는 기업 자체의 감시 시스템이 잘 되어 있는지를 봐야 합니다. 그간 적지 않은 주가 조작, 회계 조작이 있었고 이것이 큰 위험 요소로 작용해 왔습니다. 더불어 반드시 시간을 들여 경영진에 대한 분석을 해야 합니다. 결국 '경영진이 얼마나 우수한가?'라는 점이 기업의 수익에 큰 영향을 미치기 때문입니다.

중국 공매도 시장의 성숙 단계　▬▬▬▬

Q 중국 정부의 제도화에 관한 질문입니다. 차후에 단기 투자라는 헤지펀드가 중국 시장을 노릴 것이라는 이야기를 들었습니다. 그런데 중국도 자본과 금융의 세계화를 위해 투명화와 개방을 위해 노력하는 것으로 알고 있습니다. 중국 정부에서 단기 투자자들의 헤지펀드에 대해 어떤 방향의 제도를 추진하고 있는지 말씀해 주시면 감사하겠습니다.

헤지펀드에 대한
중국 정부의
입장은 무엇입니까?

A 간지에 헤지펀드는 그 철학 자체는 나쁜 것이 아니라고 봅니다. 예를 들어 여러 가지 포지션을 만들어서 자본 시장에 투자한다는 것이죠. 실제로 중국 본토의 A주식을 공매도 해서 홍콩의 H주식을 사고 그 사이에서 차익을 누리는 방식입니다. 그런데 모두가 이렇게 공매도를 한다면 H주식이 올라가게 되고 A주식은 떨어질 것입니다. 그리고 차익 거래의 기회가 사라질 때까지 이것이 반복될 것입니다. 이것이 헤지펀드가 갖고 있는 기본적인 철학입니다. 중국에서는 오랜 시간 동안 공매도가 불가능했습니다. 최근에야 공매도가 가능하게 된 것입니다. 중국 시장은 공매도에 있어서 성숙한 시장과 비교를 했을 때 경험이 그렇게 충분치 않습니다. 그래서 헤지펀드가 장기적으로 발전하기 위해서는

전문적인 펀드의 진출이
헤지펀드의 부정적 영향을
막을 것입니다

시장 시스템이 좀 더 완비되어야 할 것입니다. 또한 전문적인 펀드가 진출하도록 해야 합니다. 그렇게 해야만 헤지펀드가 부정적인 영향을 미치는 것을 막을 수 있다고 생각합니다.

국영기업 개혁과 중국 주식시장

국영기업들의 주가 상승, 어떻게 봐야 합니까?

Q 중국의 국영기업 개혁에 대해 어떻게 평가를 하시는지가 궁금합니다. 최근 진행되고 있는 개혁으로 인해 일부 국영기업들의 주가가 상승하고 있습니다. 외국인으로서 어떻게 투자를 해야 하고 국영기업 개혁에 대해 어떻게 이해를 해야 하는지 간단히 코멘트 부탁드립니다.

국영기업에 대한 고통스러운 개혁이 진행되어야 합니다

A 루퍼트 후거워프 저는 직접 투자를 하는 사람이기 때문에 거래와 관련된 기회에는 굉장히 느리게 반응하는 편입니다. 보다 장기적인 관점에서 봤을 때 국영기업에 대한 개혁은 상당히 빠르게 투자자들의 관심을 끌어 모읍니다. 중국에는 '국진민퇴(國進民退)'라는 말이 있습니다. 국가는 점점 더 강력해지고 있지만 민간 부분은 점점 더 환경이 나빠지는 상황을 말합니다. 이는 수익률이 높은 비즈니스의 영역은 모두 대형 국영기업들이 독점을 하고 있기 때문에 일어나는 현상입니다. 물론 중국 정부도 이런 문제들을 완만하게 개선해 나가고 있습니다. 국영기업의 소유 구조에 대해서 개혁을 진행하고 있다는 이야기입니다.

주식 가격의 경우, 원래 국영기업의 사업에 어떤 민간기관이 참여를 했다고 한다면 해당 기업의 주가는 굉장히 빠르게 오릅니다. 결국 국영기업이 주식시장에 미치는 영향이 상당하다는 것입니다. 그러나 여전히 이러한 개혁은 느리게 느껴지는 것이 사실입니다. 이 부분에 대해서도 저는 의문을 가진 적이 많습니다. 보다 상세한 설명은 간지에 교수님께 다시 부탁을 드려야 할 것 같습니다.

간지에 제가 알기로 이러한 국영기업 개혁이 중국 주식시장에 어떠한 영향이 있을지 말하는 것은 굉장히 어렵습니다. 지난 10년 동안에 중국에서 국영기업을 개혁했지만 그렇게 큰 성과가 있었던 것은 아닙니다. 아까 말했던 대로 오히려 '국진민퇴'라는 현상이 발생했던 것입니다. 제가 한국에 처음 왔을 때 느꼈던 것은 굉장히 빠르게 변하고 있는 나라라는 인상이었습니다. 인터넷 속도가 너무 빠른 것도 인상적이었습니다. 중국의 인터넷 속도는 아주 느립니다. 중국의 국영기업인 차이나 모바일이 이런 부분에 대해서 상당히 늦게 대응하기 때문입니다. 하지만 중국 국민들이 인터넷 비용을 다른 나라보다 적게 내는 것은 아닙니다. 높은 가격을 지불하고 기대에 못 미치는 서비스를 받는 상황입니다. 따라서 이런 부분에서는 반드시 개혁이 진행되어야 합니다. 반면 국영기업들은 독점적인 지위를 이용해서 굉장히 많은 자원을 벌어들이고 있습니다. 그럼에도 그들이 국민들에게 제공하는 부가 가치는 적습니다.

앞으로 개혁은 상당히 고통스럽게 진행되어야 합니다. 단순히 몇 가지의 제도를 고친다고 해결되는 일이 아니기 때문입니다. 하지만 아직까지 국영기업들의 독점적인 지위를 없애려는 조짐이 보이지는 않습니다.

주식 투자자들에게
조언을 해 주세요

Q 중국시장에 대해 잘 모르는 초보 투자자라면 중국의 금융시장과 주식시장을 어떻게 이해해야 할까요? 중국 시장은 그냥 외부에서 봤을 땐 단순해 보이지만 사실은 복잡하다고 생각합니다. 저 같은 초보 투자자들에게 해주실 조언이 있다면 부탁드립니다.

상하이 거래소와
선전 거래소는
성격이 다릅니다

A **간지에** 중국의 주식시장은 상하이와 선전에 두 개의 거래소가 있습니다. 블루칩 종류의 종목들은 대부분 상하이 거래소에 있고 국가의 어떤 정책에 훨씬 더 민감한 종목들, 그러니까 성장 가능성이 강한 종목들은 선전에 상장이 되어있습니다. 질문한 분께서 안정적인 투자를 원한다면 상하이 주식만 보면 될 것이고, 조금 더 중국의 정책과 경제 성장에 연관된 종목들에 리스크를 감수하면서 고수익을 노려보겠다고 하면 선전 주식을 보면 될 것 같습니다. 그간 중국 주식시장에서 가장 어려웠던 부분은 비오픈주 문제와 대형 국유기업들의 상장, 이 두 가지 요소가 주는 위험부담이 굉장히 컸습니다. 하지만 이 두 문제가 잘 마무리되어서 정상적인 메커니즘 속에서 주식시장이 돌아갈 수 있는 제도적인 환경이 조성되었습니다. 그래서 지금부터는 중국인들의 투자 심리, 제도, 정책, 실적들을 보면서 투자를 하면 될 것 같습니다.

89

Ma Yun

Molly Turner

Rupert Hoogewerf

Gan Jie

Gilles Ste-Croix

C.B. Cebulski

Jason Merkoski

Dan Lejerskar

Peter Hartz

Lee Ki-Kweon

Michelle Mone

Jean Lydon-Rodgers

Debbie Wosskow

Sam Horn

Nicholas LaRusso

Barbara Spurrier

Kim Jae Hak

문화는 인류가 지닌 지식과 행동 방식과 심리가 총체화되어 형성되는 것이다. 그런 만큼 아주 빠르게 변하기는 어렵다. 그러나 최근 디지털 시대의 흐름은 이러한 문화의 흐름마저 세차게 변화하도록 만들고 있다. 특히 다양한 IT 기술의 발달은 문화 지형의 변화를 유도하는 촉매제로서의 역할을 하고 있다. 그 결과, 이제 인류는 전례 없는 문화 대변혁의 시대에 직면하고 있는 것이다. 지금 세계의 문화계에서는 어떤 일이 벌어지고 있는 것일까? 그리고 그것의 미래는 어떤 방향으로 흘러가게 될까?

3

문화 지형도,
새판을 짜다

태양의 서커스 공동 창업자_질 생크루아

혁신은 과거의 것에 대한 포기와
이질적인 것들의 융합에서 시작되었다

'태양의 서커스'는 1984년에 시작되었습니다. 당시 세 명의 친구들이 참여했고 이후 저글러, 애크러뱃, 컨토셔니스트 등 여러 분야의 사람들이 합류하면서 사람을 중심으로 하는 퍼포먼스 위주의 '태양의 서커스'가 탄생하게 된 것입니다. 사실 당시 우리들은 실제적으로 어떤 쇼비니스에 진출한다는 생각보다는 새로운 개념의 서커스를 소개하고자 하는 의지가 강했습니다. 서커스에서 동물들을 없애는 것이 가장 큰 특징이었으며, 애크러배틱을 잘하는 아티스트들이 서커스를 멋지게 변화시키기 시작했습니다. 그러자 저희의 공연이 훨씬 더 극적으로 연출되었습니다.

그래서 그때부터는 연극에서 여러 가지 요소들을 가져오기 시작했습니다. 하지만 당시만 해도 서커스 쪽에서는 연극을 몰랐고, 연극쪽에서는 서커스에 대해 무지했습니다. 하지만 그것이 장애물이 될 수 없다는 생각에 협업을 하면서 새로운 장을 만들어 나갔습니다.

93

우리는 뮤지컬도, 공연도, 서커스도, 연극도 아니다

매 쇼마다 저희는 주요한 테마들을 상정하고 공연을 준비했습니다. 생태계, 세계화, 인구 폭발 등 다양한 주제를 가지고 서커스를 만들다 보니 좀 더 극적인 장면과 다양한 감성을 자극하는 연출, 그리고 새로운 유형의 서커스를 창조할 수 있었습니다. 사실 저희가 하는 것은 정확하게 '융합의 결과물'이라고 볼 수 있습니다. 뮤지컬도 아니고 공연도 아니었으며, 정형화된 서커스나 연극도 아니었습니다. 모든 것이 뭉치고 합쳐진 융합이 일어나자 거기에 신선한 해석들이 가미되었고 많은 사람들이 호응을 하게 된 것입니다.

이 과정에서 저희는 저희가 가지고 있었던 과거의 틀로부터 자유로워졌고 그래서 창의적이 될 수 있었다고 생각합니다. 처음부터 저희가 극적인 연출을 할 수 있었던 것도 아니고 탄탄한 스토리를 갖춘 것도 아닙니다. 우리는 관중과 상호작용하면서 그들이 새로운 해석을 할 수 있는 기회를 주었고, 그것이 계기가 되어 더욱 디테일한 상황을 연출해 나갔습니다. 의상, 조명을 비롯한 소소한 부분들을 조정하면서 지금의 완성도에 이르게 되었다고 볼 수 있습니다.

만약 이 과정에서 저희가 과거의 틀에만 얽매여 있었다면 아마 이 모든 것들을 해내지 못했을 것입니다. 저희는 사람들에게 새로운 것을 소개하고자 하는 꿈이 있었고, 그 과정에서

놀라움을 만들어 내기 위해서는 과거의 것들을 포기해야만 한다고 생각했습니다. 따라서 저희는 상상력을 제한하는 그 모든 것에서 벗어나 서로에게 창의적인 제안을 하기 시작했고 이 과정은 저희 스스로 즐길 수 있을 정도로 좋은 경험이었습니다. 이렇게 우리 스스로가 창의적으로 변하기 시작하자 관객에게 극도의 즐거움을 안겨줄 방법들이 고안되기 시작했습니다.

중력을 거슬러 올라
관객과 소통하는 힘

관객들의 의자에 디지털 스테레오 음향을 설치하는 것은 물론이고 공연을 하는 도중 아티스트가 입고 있던 옷의 색깔도 바꿀 수 있었습니다. 상상력을 제한하는 기존의 틀에서 벗어나자 저희는 혁신적으로 변할 수 있었던 것입니다.

음향에서도 다름을 추구했습니다. 태양의 서커스에 사용되는 음악은 과거 서커스 음악과는 상당한 거리감이 있습니다. 그 이유는 컴퓨터, 신시사이저 등을 통해 생생한 음향을 관객에게 들려주었기 때문입니다. 특히 저희가 가지고 있는 소프트웨어가 매우 큰 도움이 되고 있습니다. 이 소프트웨어를 통해서 인간의 움직임을 자세하게 살펴볼 수 있으며, 그 인간의 동작에 맞춘 모든 애크러배틱 동작들을 같이 계획할 수가 있었습니다. 더불어 거기에 필요한 기구들도 정확하게 제작을

96

할 수 있었던 것입니다. 그 결과 저희는 관객들에게 활기를 부여하는 살아있는 '라이브 쇼'를 만들어 낼 수 있었습니다.

예를 들어 어떤 다이버Diver가 굉장히 높은 곳에서 다이빙을 했을 때, 이 내려가는 과정 자체가 관중들과 같이 호흡을 하면서 소통의 장이 되는 것입니다. 저희가 지향하는 바도 바로 이것입니다. 애크러배틱은 중력을 거슬러 올라는 새로운 경지를 보여줍니다. 이렇게 지속적으로 인간의 한계를 끌어올리면 관객들은 거기에 대해서 기뻐하고 또 경의를 표하게 됩니다. 더불어 우리가 보여주는 극적인 연출에서도 깊은 감명을 받을 수가 있을 것입니다.

CIRQUE DU SOLEIL.

질 생크루아 태양의 서커스 공동 창업자

1980년, 그는 한 무리의 거리 예술가들과 함께 '에샤시에르 드 베생폴 (Echassiers de Baie-Saint-Paul)'이란 단체를 결성하면서 '페트 포렌 드 베생폴 (Fête foraine de Baie-Saint-Paul)'이란 거리공연 축제를 조직했다. 이는 그가 1984년에 기 랄리베르테(Guy Laliberté)와 함께 '태양의 서커스'를 공동 창업하는 데에 기여했다. 그는 예술감독이 되어 전 세계 방방곡곡을 다니며 재능 있는 단원들을 모집했다. '누벨 익스피리언스(Nouvelle Experience)', '살팀방코 (Saltimbanco)', '알그리아(Algría)', '미스테르(Mystère)' 등의 제작 감독을 맡았다. 2002년 태양의 서커스 신 프로젝트 개발 부문의 제작 부회장을 역임했으며, 2006년 7월 창작 콘텐츠 및 뉴 프로젝트 개발 부문의 수석 부사장으로 임명 되었다. 현재는 아티스틱 가이드(Artistic Guide)로 활동 중이다.

마블 수석부사장_C.B. 세블스키

오래된 장난감이라고
재미가 없는 것은 아니다

저는 어렸을 때부터 마블의 만화를 읽으며 성장했고, 성인이 된 후에도 마블 만화의 팬이었습니다. 그리고 지금은 마블에서 일을 하고 있습니다. 제가 처음 마블을 접한 것은 5살 때였습니다. 7살 때에는 스타워즈를 보면서 광팬이 되었고 또 액션 피규어를 가지고 놀았습니다. 그러던 어느 날, 아버지가 뉴스를 보다가 저를 불렀는데, 스타워즈를 만든 사람이 인터뷰를 한다는 것이었습니다. 저는 '스타워즈를 만든 사람'이라는 말에 놀랐습니다.

'내가 이렇게 사랑하는 장난감, 캐릭터들이 결국에는 어떤 인간에 의해 만들어진 것이구나. 그렇다면 나도 만들 수 있지 않을까?'

아마도 그때가 제 인생의 전환점이었을 것입니다. 나도 이야기를 만들고, 장난감을 만들어 또 다른 사람에게 즐거움을 줄 수 있다는 사실을 깨달았기 때문입니다. 그 후 오랜 시간을 마블과 함께 하던 중, 어느 순간 만화에 대해 제가 가지고 있었던 상식이 완전히 무너지는 경험을 했습니다.

C.B.
세블스키

새로운 변화를
받아들여야만 하는 시기

저는 만화를 책 형태로 보는 것을 좋아했으며, 또한 만화는 당연히 책의 형태로 보아야 한다고 믿었습니다. 책에서 나는 냄새, 손에 만져지는 느낌, 페이지가 넘어가는 소리. 이 모든 것이 좋았습니다. 그런데 어느 날부터 디지털 시대가 도래했습니다. '디지털 코믹'이라는 것이 처음에 생겼을 때 저는 정말로 놀랍고 당황스러웠습니다. 한마디로 그것은 '말도 안 되는 일'이었습니다. '어떻게 만화를 태블릿으로 볼 수 있을까? 어떻게 만화를 컴퓨터 화면으로 본단 말인지?'라고 의아해한 것입니다.

하지만 언젠가는 자신의 개인적인 감정 또는 내면에 있는 업계에 대한 애정을 뒤로 하고 새로운 변화를 받아들여야 하는 시기가 누구에게나 옵니다. 그것이 바로 변화와 기술의 발전을 인정하고 새로운 세계를 존중해야 하는 시점입니다. 이제껏 제 자신의 반응을 살펴보았더니, 지금 일어나고 있는 변화에 대해서 부정적인 반응만 하고 있다는 사실을 깨달았습니다.

이러한 변화의 과정은 마블 내부에서도 일어났습니다. 마블은 90년대에 파산과 부도의 위기에 직면했습니다. 성장하기 위해서는 신기술을 적극적으로 파악하고 새로운 세대의 사람들이 무엇을 원하는지 적극적으로 찾아나서야 했습니다. 또한 마블의 캐릭터들 역시 새로운 매체로 확장되고 성장해야

할 필요성이 제기되었습니다. 평범한 사람이 영웅이 되는 마블의 스토리처럼, 새로운 변화를 적극적으로 찾아나서야 했습니다. 마블이 위기에 처했던 것은 우리 스스로의 전통을 지키지 않았기 때문이라고 할 수 있습니다. 어느 순간 경영진은 핵심인 콘텐츠 개발보다는 광고나 그래픽 효과 등 다른 부분에 집중 투자하기 시작했습니다. 캐릭터들은 1930~1940년대에 만들어졌는데, 1990년대까지도 시대 상황을 반영하지 못하고 있었습니다. 당연히 고루해지고 재미도 없어졌습니다. 결국 독자들의 관심을 잃으면서 도산 위기에 처한 겁니다.

2001년 마블은 다시 콘텐츠 개발에 힘쓰기로 했습니다. 저희는 뛰어난 역량을 가진 작가들을 고용하고, 스파이더맨, 엑스맨 등 인기 캐릭터를 업데이트하기 위해 힘썼습니다. 그 프로젝트의 이름이 '부활Rebirth'이었습니다. 덕분에 회사는 정말로 부활할 수 있었습니다. 마블이라는 회사가 사람의 몸이라면, 캐릭터와 콘텐츠는 심장이라고 할 수 있습니다. 우리가 가장 먼저해야할 것은 심장을 살리는 일이었습니다.

마블의 캐릭터가
인기를 얻는 이유

마블의 캐릭터들이 지금도 여전히 인기를 얻는 것은 그것이 하나의 '노스탤지어'와 같은 것이기 때문입니다. 오래된 것이라고 해서 모두 낡은 것은 아닙니다. 클래식이 가지고 있는, 영원히 빛나는 가치가 있기 때문입니다. 헐크, 스파이더맨, 캡틴 아메리카, 판타스틱 포, 엑스맨들은 모두 수십 년 동안 사람들이 즐겨 읽었던 캐릭터이며, 그들이 전하는 메시지는 40년대, 50년대, 60년대에도 모두 동일합니다. 이러한 캐릭터가 성공하고 인기를 얻기 위해서는 '인간성'이 가장 중요한 것이라고 생각합니다.

영화를 보면 알겠지만 마블의 주인공들은 모두 인간적인 면모를 드러내기 위해 애쓰고 있습니다. 헐크는 '방사선에 노출된 핵물리학자 브루스 배너'가 본질입니다. 화가 나면 헐크로 변신하는데, 이를 피하기 위해 배너 박사는 늘 차분한 심리 상태를 유지하려고 노력합니다. 호크아이는 영화에서 아예 가족을 공개해 버렸습니다. 그 덕분에 어벤져스의 일원이지만 한 가정의 가장이라는 정체성이 더 뚜렷하게 드러났습니다. 마블 캐릭터의 정체성은 항상 사람이 1순위고, 캐릭터가 2순위입니다. 그 때문에 마블 영웅은 '인간의 한계를 초월한 영웅'이기 보다는 '우리와 비슷한 사람'이라는 공감대가 생깁니다.

마블의 슬로건은 '창밖의 세상을 그대로 비춰주는 것Reflect the World Outside the Window'입니다. 현실에 존재하는 상황을 만화책이나 영화에 그대로 옮기는 것입니다. 그렇기 때문에 마블의 영웅들은 불완전합니다. 세상 그 어디에도 완벽한 사람은 없기 때문이죠. 아이언맨만 해도 알코올 중독자입니다. 하지만 사람들은 영웅들이 보여주는 이 같은 인간적인 허술함에

103

스스로를 투영합니다. 그것이 마블의 캐릭터가 사람들의 공감을 얻는 이유일 것입니다.

디지털 시대의 만화와 캐릭터의 진보

마블의 콘텐츠 개발에는 뚜렷한 두 가지의 목적이 있습니다. 하나는 '영감을 주는Inspirational' 것이고, 또 하나는 '열정을 심는Aspirational' 것입니다. 어린아이들이 저희 캐릭터를 보면서 영감을 얻길 바랍니다. 사실 세상 사람 누구나 영웅이 될 수 있습니다. 초인적인 힘을 가지고 있어서 영웅이라는 게 아니라, 다른 사람을 돕고 사회에 이바지하는 영웅 말입니다.

또한 저희는 열정이 심어지길 바랍니다. 사실 마블 캐릭터들은 모두 치명적인 단점을 가지고 있습니다. 아이언맨은 심장이 없고, 헐크는 화가 나면 괴물이 됩니다. 그러나 이들은 좌절하지 않고 자신들의 문제를 해결하기 위해 끊임없이 도전하고 현실과 맞섭니다. 우리는 모두 고민거리를 하나쯤 떠안고 있습니다. 저희는 사람들이 마블 캐릭터의 도전 정신을 보고 각자의 난관을 극복하길 바랍니다.

캐릭터의 개발과 함께 또 하나 중요한 것은 시대에 맞는 유통 콘텐츠 방식의 변화입니다.

우리는 이 모든 것을 완성시키는 멋진 아이디어로 시대의

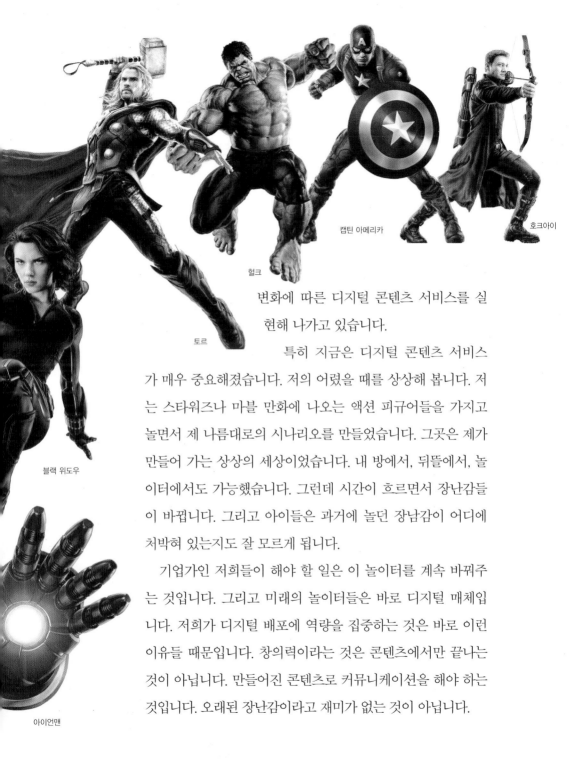

토르

블랙 위도우

헐크

캡틴 아메리카

호크아이

아이언맨

변화에 따른 디지털 콘텐츠 서비스를 실현해 나가고 있습니다.

특히 지금은 디지털 콘텐츠 서비스가 매우 중요해졌습니다. 저의 어렸을 때를 상상해 봅니다. 저는 스타워즈나 마블 만화에 나오는 액션 피규어들을 가지고 놀면서 제 나름대로의 시나리오를 만들었습니다. 그곳은 제가 만들어 가는 상상의 세상이었습니다. 내 방에서, 뒤뜰에서, 놀이터에서도 가능했습니다. 그런데 시간이 흐르면서 장난감들이 바뀝니다. 그리고 아이들은 과거에 놀던 장남감이 어디에 처박혀 있는지도 잘 모르게 됩니다.

기업가인 저희들이 해야 할 일은 이 놀이터를 계속 바꿔주는 것입니다. 그리고 미래의 놀이터들은 바로 디지털 매체입니다. 저희가 디지털 배포에 역량을 집중하는 것은 바로 이런 이유들 때문입니다. 창의력이라는 것은 콘텐츠에서만 끝나는 것이 아닙니다. 만들어진 콘텐츠로 커뮤니케이션을 해야 하는 것입니다. 오래된 장난감이라고 재미가 없는 것이 아닙니다.

NEW FORCES
RESHAPING
OUR LIVES

그것으로 어떤 커뮤니케이션을 하느냐가 중요한 것입니다.

마블은 캐릭터를 만들지만, 그것을 발전시켜 나가는 것은 마블을 사랑하는 사람들입니다. 마블의 팬 커뮤니티는 오래전 인쇄 만화를 볼 때부터 생겼습니다. 아마도 이러한 만화 커뮤니티를 만든 것은 마블이 처음일 것입니다. 당시에는 편지를 통해 이뤄졌고 지금은 페이스북, 트위터, 마블닷컴 등을 통해 이어지고 있습니다. 팬들을 위한 마블의 가장 대표적인 서비스는 '마블 언리미티드'라는 온라인 구독 서비스입니다. 개별적으로 다운로드를 하지 않고 월 구독료를 내면 마블의 만화 전체를 다 볼 수 있게 했습니다. 그리고 만화와 게임 간의 경계를 허물고 여기에도 팬들이 적극적인 참여를 할 수 있는 길을 열어 놓았습니다. 독자들은 마블의 캐릭터가 게임에 들어갈 것인지 안 들어갈 것인지를 투표할 수 있고 함께 캐릭터의 발전을 도모합니다.

우리 시대의 새로운 영웅,
10대 소녀

또한 현재 마블은 미래에 활약할 새로운 캐릭터의 수혈에도 힘을 쓰고 있습니다. '런어웨이즈', '미즈 마블', '스파이더 그웬' 등 만화책 부문에서 새로 개발된 캐릭터들이 대중의 인기를 얻기 시작했습니다. 사실 새 캐릭터를 공개하는 것은 무척 어려운 일입니다. 독자들은 스파이더맨, 캡틴 아메리카, 엑스맨처럼 옛날 캐릭터들을 더 사랑하기 때문입니다. 그렇다고 옛날 캐릭터에만 집착해서는 지속가능한 경영은 어려워집니다. 새 팬을 끌어 모아야 합니다. 그래서 저희는 매년 새로운 캐릭터를 지속적으로 개발하고 있고, 최근 10년 동안 꽤 의미 있는 성과를 거두었습니다.

런어웨이즈는 초인적인 힘을 가진 10대 소년 소녀들이고, 미즈 마블은 10대 중동계 소녀 영웅입니다. 스파이더 그웬은 스파이더맨의 여자 친구인 그웬 스테이시가 스파이더맨의 힘을 가지게 된 상황을 그립니다.

최근 인기를 끄는 캐릭터들 사이에는 한 가지 공통점이 있습니다. 모두 10대 소녀라는 사실입니다. 저는 이것이 현대 사회를 이끄는 영웅의 트렌드라고 생각합니다. 예전에는 마블 캐릭터들이 모두 10~20대 백인 남성이었습니다. 그런데 요즘 사회에서는 여성의 역할과 힘이 중요해지고 있습니다. '아시안리더십콘퍼런스'에서 마윈 알리바바 그룹 회장도 회사에 여성 직원들이 절반이라고 말했습니다. 마블 직원들의 성비도 비슷합니다. 이런 사회 트렌드에 맞춰 특히 10대 소녀들에게는 새로운 역할 모델이 필요하게 됐습니다. 앞으로 저희 새 캐릭터들이 그러한 역할로 자리잡을 수 있으리라 생각합니다.

저희는 늘 세계 최고 작가들을 고용하기 위해 노력하고 있습니다. 마블은 세계 최고의 선수들이 모이는 메이저리그 야구팀, 프리미어리그 축구팀 같은 곳이라고 보면 됩니다.

예컨대 뉴욕 양키스에서 뛰는 선수들은 어렸을 때부터 유소년 리그, 고등학교 야구팀, 대학 야구팀에서 실력을 입증하고 드래프트를 통해서 프로로 진출합니다. 마블도 비슷합니다. 업계에서 두드러진 성과를 내면 저희 인사담당자가 스카우트를 합니다.

저희는 자체적으로 인재를 육성하는 프로그램은 없지만 만화, 영화, 비디오 게임 업계에서 누가 제일 재미있는 콘텐츠를 만드는지 항상 주시하고 있습니다. 짧게는 1년, 길게는 3~4년 지켜보면서 업계 최고의 인재라는 판단이 들면 영입합니다. 최근에 한국 웹툰 작가인 고영훈 씨를 영입했습니다. 이는 마치 류현진 선수가 LA 다저스에 진출한 것과 같은 상황입니다.

C.B. 세블스키 마블 수석부사장

마블코믹스 해외 개발 & 브랜드 경영 부문 부사장인 그는 혁신적 아이디어로 새로운 콘텐츠를 만들어 내고, 마블 브랜드가 전세계적으로 기업 이미지를 대변할 수 있도록 헌신하고 있다.

그는 세계 곳곳을 여행하며 마블의 창의적인 아이디어가 새로운 시장에서 성장할 수 있는 기회를 엿보며, 예술적 감각이 뛰어난 인재를 발굴하고 있다. 소문난 미식가이기도 한 그는 틈틈이 자신의 웹사이트 '이타쿠(Eataku · www.eataku.com)'에 세계 각국을 돌며 즐겼던 음식을 포스팅해 공유한다.

아마존 킨들 개발자_제이슨 머코스키

미래의 책은
바로 당신의 인생이다

저는 책을 굉장히 좋아합니다. 그래서 대학을 졸업하고 10년 동안 책을 썼고 출판사를 직접 운영하기도 했습니다. 그 다음에 아마존이라는 회사에 취업해 킨들의 개발자 중 한 명으로서 새로운 디지털 미디어 개발을 위해 노력했습니다. 독자들이 서점에 가지 않고 책을 볼 수 있게 하자는 모토 아래 아마존 킨들을 개발하여 E-Book을 세계에 보급하고 있습니다.

킨들의 발명을 통해서 새로운 영역이 만들어졌습니다. 여러분은 인터넷에 대해서 너무나 잘 알고 계십니다. 인터넷은 많은 장벽을 철거하고 있고, 그 동안 분리되었던 것을 통합시키면서 새로운 길을 열어주었습니다.

이제는 모든 사람들이 다 저자가 될 수 있는 시대가 되었습니다. 지금이 '만인의 저자 시대'라면 그 다음 문제는 누가 우리의 콘텐츠를 읽을 것이며 또 책 그 다음에는 무엇이 기다리고 있느냐 하는 점입니다.

저는 IT 전문가로서, 그리고 미래를 생각하는 사람으로서

제이슨 머코스키

'새로운 유형의 스토리텔링이 가능해졌다'고 생각합니다. 페이스북, 트위터 같은 SNS를 통해 수많은 대화와 이야기들이 올라오고 이것이 책으로 출간되기도 합니다. 특히 비디오 스트리밍을 통해 새로운 유형의 스토리텔링이 가능해졌습니다. 이것은 굉장히 긍정적인 발전입니다.

'인간은 스토리텔러다'라는 말이 있습니다. 인간은 수천 년을 거치면서 이야기를 전해온 하나의 매체이기도 합니다. 사람들은 표정과 손짓을 통해 이야기를 전달하기 때문에 쌍방향의 매체라고 할 수 있습니다. 그런데 책은 쌍방향이 아닌 일방적인 매체입니다.

여기에서 책의 고민이 시작됩니다. 또다시 쌍방향 소통이 가능한 책이 나타날 수는 없을까?

사람, 이야기의 한 부분

저는 그것을 '우리의 인생'이라고 생각합니다. 지난 몇 주 동안 친구들과 함께 여러 장의 사진을 촬영했습니다. 이것 자체가 완전한 이야기는 아니지만, 이것이 쌓이고 모인 데이터는 하나의 스토리가 됩니다. 디지털 기술은 우리 인생의 장면 장면을 포착할 수 있습니다. 이렇게 이야기들이 모이면 많은 지인들이 당신의 일대기에 관심을 가지게 됩니다. 그리고 그것은 정말로 즐거운 하나의 스토리가 됩니다.

특히 동영상을 통한 구현방법은 더욱 생생합니다. 저는 이제 사람들이 동영상을 통해서 스토리텔링을 하고 있고 이 동영상 미디어가 새로운 스토리텔링의 일부가 될 것이라고 생각합니다.

제이슨 머코스키

"'인간은 스토리텔러다'라는 말이 있습니다.
　인간은 수천 년을 거치면서 이야기를 전해온
　하나의 매체이기도 합니다."

실제로 저는 '카우보이 캠'이라는 이름의 카메라를 모자 위에 장착해서 친구들에게 생방송을 하기도 합니다. 친구들은 저의 방송을 보면서 계속 코멘트를 할 수 있고 서로 실시간으로 소통할 수 있습니다.

지금 여기서 여러분들을 모습을 한번 제 이야기에 담아보겠습니다. 제가 스마트폰으로 여러분에게 '하이Hi'라고 하면 여러분도 저에게 '하이Hi'라고 손을 흔들어 주시면 됩니다.

이렇게 즉석에서 여러분들은 제 이야기의 한 부분이 되었습니다. 바로 이것이 '미래의 책'입니다.

amazon kindle

제이슨 머코스키 아마존 킨들 개발자

제이슨 머코스키는 아마존의 전자책 단말기 '킨들'의 개발 책임자로, 아마존 최초의 '기술 전도사'이다. 매사추세츠공대(MIT)에서 이론수학을 전공한 그는 20여 년 동안 디지털 산업 발전에 기여했다. 여러 스타트업에서 최고기술책임자(CTO)로 일했고, 텔레커뮤니케이션과 전자상거래 분야를 넘나들며, 영화와 라이프스타일 디자인까지 광범위한 영역에 걸쳐 경력을 쌓았다.
그가 쓴 『무엇으로 읽을 것인가(Burning the page)』는 아마존이 촉발한 출판 혁명을 적나라하게 드러내고 있으며, 후속작 『더 디지털 미(The Digital Me)』는 디지털이 세상에 끼칠 영향과 곧 다가올 미래를 소개하는 책이다. 머코스키는 아마존, 구글, 인텔, 뱅크 오브 아메리카에 컨설턴트 등으로 일했으며, 최근엔 스타트업인 '비포에버미(BeForeverMe)'를 운영하고 있다.

제이슨 머코스키

우리 뇌의 시각화 센서들 ▰▰▰▰▰

Q 영상의 미래, 책의 미래에 대해서도 말씀하셨습니다. 동영상 이 새로운 스토리텔링이라고 한다면 너무 비주얼한 재미에만 초 점을 맞춘 것이 아닌가라는 생각이 듭니다. 경험보다는 보는 것 으로 끝나는 것이죠. 이 부분에 대해서는 어떻게 생각하십니까?

미래의 책,
다소 협소한
느낌이 듭니다

A 제이슨 머코스키 저는 보는 것 자체도 하나의 경험이라고 생 각합니다. 일단 뇌와 인간의 감각 체계를 한번 생각해 보죠. 우리 뇌에는 뉴런이 있습니다. 그런데 인간의 뇌에 있는 89%의 센서 들은 시각과 관련되어 있다는 연구 결과가 있습니다. 스마트폰들 이 시각적인 것으로 뭔가를 보여주게 되면 사람들은 그것에 빠질 수밖에 없습니다. 이것은 거의 본능적이라고 할 수 있습니다. 현 실을 직접적으로 경험하기 보다는 현실과 우리 안에 중간 단계를 제공하고 있는 이 매체를 통해서 경험하는 경우들이 더 많아지게 됩니다. 뇌는 이것을 통해서 실질적인 것들과 관계를 맺고 있다 고 착각을 합니다. TV를 많이 보는 사람과 그렇지 않은 사람들에 게 똑같이 "친구가 몇 명이 있느냐"고 물어본 실험이 있었습니다. 그 결과 TV를 많이 보는 사람들이 친구가 더 많다는 대답을 했습 니다. 이들이 실제로 친구가 많고 적음을 떠나서 TV속에 나오는 사람들을 자신의 친구로 착각한 결과입니다.

보는 것,
그것이 경험입니다

**서커스에
디지털 기술의
접목이 가능합니까?**

Q '태양의 서커스'에서는 새롭게 나오는 3D기술, 4D기술, 혹은 UHD 기술들을 활용할 계획이 있습니까? 예를 들어 TV에서 실황 공연을 보여주면서 더 현실감이 살아나게끔 하는 방법 말입니다. 좀 더 많은 고객층에게 다가가기 위해서 어떤 디지털 기술을 어떻게 적용할 계획이 있는지 알고 싶습니다.

**가상현실의
공연장으로 관객의 참여를
유도할 것입니다.**

A 질 생크루아 저희는 항상 새로운 기술이 나오면 여러 실험을 하고 있습니다. 현재 특정한 모듈을 통해서 가상현실을 체험하는 실험을 하고 있는데, 저희가 한국의 삼성과 준비하는 쇼는 헬멧을 쓰고 공연을 관람하는 것입니다. 일명 가상현실을 이용한 VR 공연입니다. 공연장에 모두 함께 있어도 헬멧을 쓴 사람은 독특한 가상현실의 세계를 체험할 수 있습니다. 애크로배틱처럼 하늘을 비상하는 경험을 하는 것이죠. 가상현실은 새로운 형태의 엔터테인먼트를 개발할 수 있는 좋은 플랫폼이고, 우리는 가상현실과 서커스의 융합을 계속해서 고민해 나갈 계획입니다.

한류의 지속성

Q 한국에서는 한류에 대해 많은 이야기가 나오고 있습니다. 일부에서는 한순간 지나가는 유행일 뿐이라는 우려의 목소리도 있고요. '태양의 서커스'는 30년 동안 큰 인기를 누려 왔는데, 성공을 장기화하는 비법에 대해 공유해 주실 수 있겠습니까? 한국의 엔터테인먼트 산업에서도 아마 그런 조언을 듣고 싶어 할 것 같습니다.

한국의
엔터테인먼트 산업에 대한
조언을 부탁드립니다

A **질 생크루아** 한국은 팝 문화에 대해서 관심을 많이 갖고 있고 예술에 대해서도 관심이 많은 것 같습니다. 결국은 문화를 선도하는 재능있는 사람들이 성공사례를 만들어내고 이 성공이 얼마나 연장되느냐는 것입니다. 특히 싸이라는 가수는 아주 똑똑하고 그로 인해 큰 성공을 거뒀습니다. 큰 성공이 거듭되다 보니 전 세계로 확산되었고 또한 호응을 얻게 된 것입니다. 저는 이러한 것들이 절대 쉽게 사라질 것이라고는 생각하지 않습니다.

한류는 절대 쉽게
사라지지 않을 것입니다

마블의 창의성과 한국인

Q 마블에서는 창의적인 인재를 영입하기 위해 전 세계를 찾아가서 최고의 인재들과 만나는 것으로 알고 있습니다. 또한 한국에도 자주 오는 것으로 알고 있습니다. 지금 현재 한국인의 창의

한국인들의 창의성,
어느 정도라고 봅니까?

성이 다른 지역의 사람들과 비교했을 때 어떤지 말씀해 주실 수 있나요?

기대 이상의
우수한 인재들이
있습니다

A C. B. 세블스키 저희는 지난 한 해 동안 그 어느 나라보다 한국에서 가장 많은 아티스트를 고용했습니다. 웹툰, 게임 개발을 비롯해 상당히 많은 한국 분들이 작업에 참여하고 있습니다. 그리고 그 수는 계속해서 증가할 것입니다. 한국에는 저희의 기대 이상으로 정말 우수한 인재들이 많은 것 같습니다. 다만 외국의 주요 엔터테인먼트사에서 일을 하고 싶다면 커뮤니케이션 기술을 좀 더 향상시킬 필요가 있을 것 같습니다. 또한 나만의 브랜드를 계속 개발해서 자기 홍보도 열심히 해야 할 것으로 보입니다. 소셜 미디어를 이용해서 영어로 계속해서 자신을 알리면 우리가 여러분들을 찾아가는 것이 훨씬 더 쉬울 것이라고 생각합니다.

책의 미래와 개인

미래의 책과 프라이버시,
저작권 문제가 궁금합니다

Q 많은 사람들이 SNS를 통해서 자신만의 스토리를 만들어 내고 있습니다. 원하지 않아도 그쪽으로 가고 있다고 봐야할 것 같습니다. 그런데 문제는 프라이버시에 대한 것입니다. 그러다 보니 '나는 타인의 스토리텔링에 참여하고 싶지 않다'는 의견도 있습니다. 그 연장선상에서 저작권의 문제도 있을 것 같습니다. 이 부분에 대해서는 어떻게 생각하십니까?

A 제이슨 머코스키 출판업계에는 다양한 콘텐츠가 있습니다. 그런데 그중에서는 『해리포터』 시리즈처럼 기록적인 판매를 거두는 콘텐츠가 있고 그렇지 않은 것도 있습니다. 전혀 판매가 되지 않는 것도 존재하고요. 저는 앞으로 셀프 퍼블리싱(self publishing) 분야가 많이 성장할 것이라고 생각하고 있습니다.

또한 많은 콘텐츠 크리에이터들이 룰을 바꿔나가고 있습니다. 프라이버시에 대해서도 별로 신경 쓰지 않는 경우도 많습니다. 물론 현재로서는 특별한 답이 있는 것은 아닙니다. 앞으로 어떤 식으로 이 문제가 정리될지 장담하기는 어렵지만, 어느 정도 시기가 되면 이를 조절하는 능력이 나타나지 않을까 생각합니다.

특히 저작권에 대해서는 저희 변호사들도 많은 고민을 가지고 있습니다. 의도적으로 타인의 콘텐츠를 가져다 쓸 수도 있고 의도치 않은 채 쓸 수도 있습니다. 예를 들어 한 웹툰이 있는데, 그 웹툰의 주인공이 특정 마블 캐릭터의 티셔츠를 입고 있다고 생각해 봅시다. 마블의 입장에서는 어떤 경우는 홍보용으로 좋다고 판단할 수도 있겠지만, 또 어떤 면에서는 마블의 저작권을 사용했으니 뭔가 사용료를 받아야 하지 않겠냐는 생각을 할 수도 있습니다. 이런 사례들이 축적되고 각 사례에 대한 다양한 생각과 대응방식들이 모이다보면 적합한 기준이 생겨날 것으로 기대하고 있습니다

어느 시기에
조절 능력이
나타나지 않을까요?

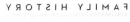

Ma Yun

Molly Turner

Rupert Hoogewerf

Gan Jie

Gilles Ste-Croix

C.B. Cebulski

Jason Merkoski

Dan Lejerskar

Peter Hartz

Lee Ki-Kweon

Michelle Mone

Jean Lydon-Rodgers

Debbie Wosskow

Sam Horn

Nicholas LaRusso

Barbara Spurrier

Kim Jae Hak

||||||||||||||||||||||||||||||||||||||||||||||||||||||||||||||||||||||||||||||||||||||||||||||||||

지식과 노동은 '인풋'과 '아웃풋'의 관계를 형성한다. 한 사회의 지식이 얼마나 잘 전수되
느냐에 따라 한 사회의 노동의 품격이 결정되기 때문이다. 훌륭한 지식의 전수는 탁월한
노동을 만들어 낸다. 그런 점에서 미래 사회 변화의 핵심 주제 중 하나는 '지식과 노동'일
수밖에 없다. 이제 미래의 지식은 가상현실과 증강현실을 통해 더 효율적이고 빠르게 전
수될 수 있을 것으로 보인다. 다만 현실적인 노동 시스템의 개혁과 변화도 필수적이다.
만약 이것이 전제되지 않는다면 지식이 자신의 힘을 제대로 발휘할 수 없기 때문이다.
지식과 노동의 유기적인 결합과 변화의 가능성에 대한 미래 예측을 살펴보자.

4

지식과 노동의
대변혁

이온리얼리티 대표_댄 레저스카

지식이 전수되는 형태가 달라지면
인류의 삶의 질도 달라진다

저는 스웨덴 출신의 로켓 과학자이며
최초의 직장은 볼보 에어로였습니다. 당시 저는 '아리안5'라
는 이름의 로켓 개발에 참여하면서 매우 흥미로운 로켓의 세
계를 경험했습니다. 그런데 저의 삶을 결정적으로 바꾼 것은
1992년 생애 처음으로 가상현실 헤드셋을 썼을 때였습니다.
그 순간 저는 상상의 나래를 펼칠 수 있었으며 그 가상현실이
라는 공간에 들어가 있다는 사실을 특별하게 느꼈습니다. 저
는 곧 그것이 미래의 교육과 연결될 것이라는 점을 확신했습
니다. '미래에는 가상현실을 이용해서 간호사, 교사, 화학자 등
이 현재의 파일럿들처럼 훈련을 할 수 있겠구나'라고 말이죠.

그 이후 가상현실은 지금까지 제가 많은 관심과 애정을 기
울이고 있는 분야가 되었습니다. 하지만 20년 전만 해도 이
가상현실이라는 개념 자체가 상당히 애매모호했던 것이 사실
입니다. 이해도 어렵고 구체적인 이미지를 떠올리기도 쉽지
않았습니다. 그런데 최근 2년간 가상현실 분야는 지난 20년
동안 이루어진 발전보다 더 폭발적으로 성장했습니다. 가상현

실은 이제 우리와 아주 밀접한 분야가 되었으며, 특히 지식의 전수, 즉 교육의 분야에서 혁신적인 발전을 해왔습니다. 또한 이것은 '에듀테인먼트'라는 새로운 개념을 탄생시켰습니다. 지식이 결국 인간의 삶에 영향을 미친다는 점에서 가상현실의 변화와 발전은 인류의 삶에도 커다란 영향을 미칠 것이라고 생각합니다.

좀 더 구체적으로 알기 위해서 가상현실과 스마트폰을 한번 비교해 보겠습니다. 애플의 아이폰은 우리의 삶을 혁명적으로 변화시켰습니다. 하지만 휴대폰을 비롯한 스마트폰은 정보 검색과 지식 습득에 있어 이전과는 비교할 수 없을 정도의 편리함을 제공해주고 있습니다. 하지만 스마트폰을 반드시 꺼내서 찾아야 하는 번거로움이 있습니다. 이에 반해 가상 현실은 우리가 어떤 대상을 그저 '보는' 것만으로도 대상에 대한 정보를 얻을 수 있도록 도와줍니다. 앞으로 몇 년 후에는 길을 걷다가 어떤 건물이나 사물에 대해 궁금증이 생기면 가상현실 VR 기기가 우리 안구에 직접 그에 대한 정보를 투사해 주는 시대가 올 것입니다.

교육에서의 가상현실을 말씀드리기 전에 현재 가상현실이라는 분야가 어디까지 진보했는지부터 살펴보겠습니다. 우선 우리는 시공간을 초월할 수가 있습니다. 가상현실 안에서 몬트리올과 LA에 있는 직원이 마치 한 공간에 있는 것처럼 대화를 하고 상대의 표정을 볼 수 있습니다. 공간과 시간이 합쳐진 것입니다. 또한 어떤 고객과 실제 자동차가 없더라도 자동차에 대한 아주 구체적인 대화도 가능합니다. 홀로그램을 회전시키면서 자동차의 기능에 대해서 살펴볼 수도 있고, 그것을 확대하고 축소하면서 차의 색깔에 대해서도 이야기할 수 있습니다.

대다수의 CEO들이 출장을 가는 것에 많은 시간을 할애합니다. 하지만 가상현실이 더욱 발전하면 홀로그램으로 표현된 CEO가 직원들 앞에 서서 연설을 할 수도 있을 것입니다. 쇼핑을 할 때에 사람들은 옷을 입어보고 고릅니다. 그렇다고 매장에서 수백 벌 씩 갈아입어 볼 수는 없지요. 하지만 가상현실에서는 가능합니다. 수백 개의 가방, 수백 개의 옷과 신발을 입어보면서 자신이 원하는 것을 선택할 수 있습니다. 클릭 한 번으로 나의 몸에 옷이 걸쳐지고 신발이 신겨집니다. 물론 아직 이러한 것들이 상용화되었다고는 할 수 없지만, 충분히 가능한 것들입니다. 제가 이야기한 모든 사례는 실제 이온 소프트웨어에서 개발한 소프트웨어로 가능한 일입니다.

더 효율적이고
빠른 교육을 위한 방법

지식은 하나의 인권이며 일자리 창출의 아주 중요한 계기를 마련해준다고 볼 수 있습니다. 만약 어떤 사람에게 훌륭한 지식을 전수하게 되면 그 사람은 보다 나은 일자리를 얻을 수 있습니다. 그리고 이러한 지식의 전수 과정에 있어서 가상현실 기술이 매우 중요한 역할을 하게 되는 것입니다. 인터넷과 구글은 지식이 전수되는 형태를 완전히 바꾸어 버렸습니다. 지금으로부터 20년 전에 '궁금한 것을 어딘가에 올리면 누군가 수 초 만에 그것에 무료로 답을 해준다'고 말한다면 반응이 어땠을까요? 아마 당시에는 아무도 믿지 않았을 것입니다. 하지만 지금은 가능합니다.

지식이 전수되는 과정이 완전히 바뀌었다는 것입니다. 가상현실은 바로 이러한 지식을 한 두뇌에서 다른 두뇌로까지 아무런 충돌 없이 전수하는 것을 가능하게 합니다. 여기에서 가상현실은 더 적은 비용으로, 더 빠르게, 더 많은 지식을 습득할 수 있도록 도와줍니다. 안과 의사들은 가상현실 시뮬레이터를 통해서 눈에 대한 모든 것을 배울 수 있고 또 실습을 할 수 있습니다. 눈의 기하학, 혈액의 흐름, 산소의 공급 방법 등을 배울 수 있고 가상의 환자들에게 5만 개가 넘는 병리학 개체를 심을 수 있습니다. 이를 통해 질환을 판별하고 치료법을 선택할 수 있으며, 또한 호전 상태를 예측할 수 있습니다. 실제 안과 의사들이 모든 질환들을 테스트하기 위해서는 10년이라는 오랜 세월이 필요합니다. 하지만 이 가상현실을 이용하면 보다 저렴하고 빠르게 대량의 지식을 습득할 수 있습니다.

특히 이러한 가상현실은 교육과 즐거움이 결합된 '에듀테인먼트'를 탄생시켰습니다. 즉, 아이들의 호기심을 자극하고 그것을 바탕으로 아주 효율적인 교육을 할 수 있다는 것입니다.

"가상현실은 교육과 즐거움을 결합해
'에듀테인먼트'를 탄생시켰습니다.
호기심을 자극하고 그것을 바탕으로
효율적인 교육을 할 수 있게 된 것입니다."

(위) 이온 리얼리티가 개발한 '아이큐브(icube)'에 구현된 가상현실 수족관.
(아래) '아이큐브(icube)' 안에서 한 학생이 가상 제트엔진을 분해하고 있다.

저희가 만드는 것 중에 '인터랙티브 수족관'이라는 것이 있습니다. 이를 통해 아이들에게 포유류에 대한 호기심을 가지게 만들고 아이들은 수백 마리의 포유류와 교류를 할 수 있습니다. 또한 브라질의 저소득층 아이들에게 축구를 할 수 있는 환경을 구축해 주기도 했습니다. 이 가상현실을 통해서 수십만 명의 아이들이 실제 축구장에서 선수가 되어 축구를 하는 듯한 경험을 했습니다.

이는 아이들의 교육에만 해당되는 것은 아닙니다. 실제 한 광산회사에서는 가상현실을 통해 교육을 했던 경우가 있습니다. 이들은 증강현실을 통해서 광산의 구조와 산출물, 처리법에 대한 교육을 받았습니다. 그 후 교육 효과를 측정했을 때 92%의 높은 교육 효과를 보였으며 일반적인 교육보다 12배 빠른 학습을 할 수 있었다는 결론을 얻었습니다. 그리고 이와 관련된 산업 규모 역시 계속해서 늘어나고 있습니다.

가상현실 산업 규모는 2020년 1천500억 달러에 이를 것으로 전망되고 있습니다. 저희 이온리얼리티는 현재 보잉, 인텔, 도요타, 지멘스, 엑손모빌, 삼성전자 등 대기업과 대학교 등 450여 곳, 55개국 정부를 고객사로 두고 있습니다. 산업 및 교육 현장의 훈련, 응급 상황 대처 등을 가상현실로 재구성해서 근로자 및 교사 등을 위한 교육훈련 프로그램을 제공하고 있는 것이죠. 예를 들어 항공기 조종사들을 위한 비행 시뮬레이터가 있듯이, 교사, 광부, 공장 근로자들을 훈련시키는 가상현실 시뮬레이션 소프트웨어를 만든다고 보면 될 것입니다.

이러한 가상현실을 통한 교육이 기존의 교육에 비해 훨씬 더 효율적이라는 것은 이미 증명이 되었습니다. 실제 학생들의 경우 86%가 더 오랫동안 기억을 하는 것으로 나타났고 35%는 실제로 시험 성적이 오르기도 했습니다. 빨리 배우고, 확실히 배우고, 더 오래 기억하는 것입니다.

가상현실이라는 새로운 플랫폼의 등장

가상현실은 교육을 넘어 노동과 일자리에도 영향을 미칠 것으로 보입니다. 세계의 많은 정부는 어떻게 일자리 창출을 지원할 수 있을지에 대해서 많은 고민을 하고 있습니다. 저희는 전 세계 55곳의 정부와 협력하면서 저렴한 비용으로 효과적인 지식 전수의 방법을 찾아왔습니다. 미국은 물론 개도국, 중동 국가와 협력하고 있습니다. 제가 가장 관심을 가지고 있는 부분은 바로 아프리카에서 14년 동안 '평생 학습 프로젝트'를 한 것입니다. 저는 14년 전에 우리가 가지고 있는 소프트웨어를 모두 다 공유했습니다. 그렇게 함으로써 우리의 소프트웨어가 어떤 효과를 발휘할 수 있는지 일종의 실험을 하게 된 것입니다.

제가 이렇게 하게 된 것은 구글의 영향이 컸습니다. 구글이 한 일들을 보면 놀랍습니다. 그들은 정보를 범용화했고 또 상품화했습니다. 카트만두에 살든, 보고타에 살든 누구나 공짜로 빠르게 매우 정확한 정보를 얻을 수 있게 했습니다. 정보와 달리 지식은 아직도 사치품입니다. 우리는 구글이 정보를 범용 상품으로 만든 것에서 영감을 얻어 이제 지식을 범용 상품으로 전환하려는 작업을 하고 있습니다. 전 세계 모든 이가 지식을 값싸고 손쉽게 획득할 수 있도록 하려는 것입니다.

그 첫 단계가 7,000여 개에 이르는 우리의 앱 도서관입니다. 우리는 나사NASA 엔지니어들, 하버드 의대교수 등 각 분야 세계 최고 전문가들의 지식을 압축해서 가상현실로 구현하고 있습니다. 이런 지식을 전 세계에 전파하기 위해 전 세계 곳곳에 '인터랙티브디지털센터IDC'를 세웠습니다. 지금까지 영국 맨체스터, 프랑스 라발, 러시아 모스크바, 사우디아라비아 제다, 카타르 도하, 포르투갈 산타 마리아 다 페이라, 오만 무스카트, 미국 던컨빌에 설립했습니다. 올해 안에 한국에 IDC를 설립하기 위해 협의 중이며 이미 예산까지 다 책정해 놓은 상태입니다. IDC의 설립은 대개 정부나 정부가 설립한 기관 및 대학과의 파트너십을 통해 이루어졌습니다. 한국에서도 마찬가지의 방식으로 협의를 진행하고 있습니다. 한국은 IDC를 세우는데 있어 아주 훌륭한 조건을 갖추고 있습니다. 한국은 아시아에서 거의 유일하게 엄격한 규율과 대담한 아이디어의 결합이 이뤄지는 나라입니다. 한국인들은 미지의 분야에 발을 들여놓는 걸 두려워하지 않습니다. 또 한국의 부모들은 자녀들이 휴대폰으로 게임보다 더 유용한 것을 얻기를 원합니다.

모든 면에서 볼 때 한국은 IDC 설립에 최적의 입지라 할 수 있습니다.

한국을 포함한 모든 IDC의 설립은 최종적으로 '가상현실 플랫폼'을 만들어 나가는 데 적지 않은 도움이 될 것이라 생각합니다. 현재 세계적인 기업들, 예를 들어 구글은 물론이고 마이크로소프트, 소니 등은 모두 '이제 가상현실이 새로운 플랫폼이 될 것이다'라고 예견하고 있습니다. 미국 IT 분야의 리서치 & 어드바이저리 전문업체인 '가트너'는 '앞으로 10년 내에 스마트 글래스가 스마트폰보다 더 많이 팔리게 될 것이다'라는 예측을 한 바 있습니다.

여기에서 한 가지 분명한 것은 사람들이 전문적인 교육 프로그램들에 많은 관심을 갖게 될 것이라는 점입니다. 가상현실의 등장과 함께 가상현실로 이뤄지는 교육이 매우 중요한 트렌드의 하나로 자리를 잡을 것이라는 이야기입니다. 여기서 잠시 '가상현실'과 '증강현실'의 차이점에 대해서 알아봅시다. 가상현실은 당신이 가상 이미지들에 완전히 둘러싸여 있는 환경을 말합니다. 반면 증강현실은 현실에 존재하는 사물에 관한 정보가 글라스 등 기기를 통해 보여지는 것입니다. 하지만 우리 회사의 접근법은 가상현실과 증강현실을 구분하지 않는 것입니다. 우리는 AVRAugmented Virtual Reality(증강가상현실)이라고 부르는 접근법을 쓰고 있습니다. 가령 탁자 위에 어떤 사물, 예를 들어 사원寺院 미니어처가 있다고 해봅시다. 그 사원을 보는 순간 관련 정보가 표시되는 건 증강현실에 그치지만,

"우리는 나사(NASA) 엔지니어들, 하버드 의대교수 등
각 분야 세계 최고 전문가들의 지식을 압축해서
가상현실로 구현하고 있습니다."

"AVR은 버튼 클릭 한 번 으로 당신이 그 사원 안 으로 다이빙해 들어가 서 사원 곳곳을 둘러볼 수 있게 합니다."

AVR은 버튼 클릭 한 번으로 당신이 그 사원 안으로 다이빙해 들어가서 사원 곳곳을 둘러볼 수 있게 합니다. 미래에는 바로 이러한 가상현실과 증강현실이 점점 더 결합될 것으로 봅니다.

최근의 한 통계자료를 예를 들어 말씀드리겠습니다. 2020 년까지 AR(증강현실)과 VR(가상현실)이 거의 1,500억 달러의 시장이 될 것이라는 예측이 있습니다. 가상현실 업계의 가장 큰 흐름이 바로 근로자 훈련 분야입니다. 전 세계 생산 가능 인구 30억 명 가운데 실제 지식 근로자는 5억 명 정도에 불과 합니다. 나머지 25억 명은 특별한 지식이나 기술이 없는 미숙 련, 저숙련 근로자라고 보면 됩니다. 그런데 가상·증강현실 기기를 이용하면 미숙련 근로자들이 빠르고 손쉽게 숙련도를 높일 수 있습니다. 근로자가 기계 앞에 서면 무엇을 해야 할지 순서대로 표시가 되기 때문에 그 작업의 효율성이 혁신적으로 높아진다는 것입니다. 물론 잘못 조작하면 실시간으로 문제를 잡아낼 수 있고, 그 대처 방법까지 가르쳐 줄 수 있습니다. 숙 련 근로자의 경우에도 이러한 가상현실 기기를 착용하면 실수를 사전에 예방할 수 있습니다. 이는 산업 현장의 비용을 절감해 주는 역할도 합니다. 현재 근로자의 실수나 숙련도 미숙으로 산업 현장에서 발생하는 비용 손실은 상당한 금액입니다. 엑손모빌의 경우만 보더라도 전체 비용의 40%라고 할 수 있습니다. 이는 역으로 전 산업 분야에서 가상현실 산업이 할 수 있는 큰 역할을 엿볼 수 있게 해줍니다.

가상현실은 아주 먼 미래가 아닙니다. 이미 우리의 생활 속에서 실현되고 있으며, 이제 남은 것은 더 많은 사람들이 더 많은 분야에서 활용하는 것입니다. 미래의 IT 흐름의 변화를 알고 싶다면, 이제 여러분은 가상현실, 증강현실에 주목해야 할 것입니다.

댄 레저스카 이온리얼리티 대표
댄 레저스카는 이온리얼리티(EON Reality)의 대표로 1988년 이온리얼리티를 공동 창업했다. 이온리얼리티는 가상증강현실분야에서 선도적인 기업으로 효과적인 지식 전달을 도와주는 3D 솔루션들을 개발하고 있다. 이온리얼리티의 소프트웨어는 교육, 산업, 에듀테인먼트 분야에서 두루 활용되고 있으며 전 세계 14개 지역에 설립된 자사 센터를 통해 하나의 네트워크를 구축하고 있다. 보잉, 엑손모빌, 유엔산업개발기구(UNIDO) 등을 고객으로 두고 있다. 수백 개에 달하는 교육기관뿐 아니라 전 세계 여러 국가들과 협력을 맺고 있다.

기술 비용의 저렴화와 확산 ▇▇▇▇▇

Q 저는 미래의 교육 시스템, 특히 중등 교육에 관심이 많습니다. 강연에서 말씀하신 기술과 어플리케이션이 현재 중학교나 고등학교 등의 중등 교육에도 활용되고 있는지가 궁금합니다.

가상, 증강현실은 중등교육에 어느 정도 활용될 수 있습니까?

A **댄 레저스카** 저희는 15년 전에 이 회사를 시작하면서 고등 교육, 특히 코넬대, 카네기멜론대 등의 고등 교육기관들과 협력을 했습니다. 이들은 예산이 있었기 때문에 한결 편하게 협력할 수 있었습니다. 그렇지만 이제 기술이 좀 더 보편화되고 또 비용이 저렴해짐에 따라서 그 이하에 있는 대학들과 전문대학들과도 협력을 할 수 있게 되었습니다. 대학들의 경우에는 전문교육을 해야 할 필요가 있습니다. 특히 가상현실 교육은 직접 체험할 수 있는 교육이기 때문에 여기에 적합했다고 생각이 듭니다. 이러한 과정에서 몇 년 전부터 미국 초, 중, 고등학교에서 활용할 수 있는 기회를 포착하게 되었습니다. 특히 과학 실험실 등에서 적용이 될 수 있다는 것이죠. 화학이나 생물학 등의 과목을 배울 때, 예를 들어 가상현실을 통해서 개구리를 해부할 수 있습니다. 손으로 직접 하지 않고도 가상 경험을 할 수 있는 것입니다. 기술 비용이 저렴해졌기 때문에 과거에 물리적인 어떤 과학 실험실을 만드는 것보다도 훨씬 더 저렴하게 가상현실 실험실을 만들 수 있게 되었고, 또 집에서도 활용할 수 있게 되었습니다.

가상현실 실험실 등 활용 분야가 많습니다

한 가지 구체적인 사례가 있습니다. 아이폰이나 안드로이드폰을 가지고 있다면 집에서 저희의 기술을 직접 경험할 수 있습니다. 저희가 제공하는 약 4천 여 개의 무료 어플리케이션이 있는 라이브러리에 접속하시면 됩니다. 이 라이브러리에 접속해서 어

138

플리케이션을 체험해 보세요. 예를 들어 구글 앱스토어에서 '이온 Experience VR'이라고 입력하면 됩니다. 이 사이트가 흥미로운 점은 여러분의 화면에서 그것을 볼 수 있을 뿐만 아니라 구글의 '카드 보드'를 이용해서 가상현실을 직접 경험해 볼 수 있다는 것입니다. 저희가 이렇게 무료로 제공을 하는 이유는 가능한 많은 사람들이 체험할 수 있는 기회를 주기 위한 것입니다.

IT 기술과 교육자의 위상 변화 ▬▬▬▬▬

교사의 역할이
줄어들 것 같습니까?

Q 이러한 어플리케이션을 더 많이 사용한다면 전 세계적으로 교사의 역할이 줄어들 것으로 생각됩니다. 그럼 앞으로 교사의 역할이 어떻게 될 것이라고 생각하십니까?

교사의 역할은
줄어들지 않고
변할 것입니다

A 댄 레저스카 저는 엔지니어이기 때문에 제가 제대로 된 답을 드릴 수 있는지 모르겠습니다. 왜냐면 교수법 차원에선 제가 아는 바가 없기 때문입니다. 하지만 제가 추측하건데, 교사의 역할이 줄어들지 않을 것입니다. 물론 변하기는 할 것입니다. 가상현실은 오히려 교사의 역할을 도와주는 것입니다. 보다 더 잘 표현할 수 있도록 도와주는 것이죠. 뿐만 아니라 교사들은 이제 학생들의 미래 방향을 제시하고 멘토링을 하는 역할을 할 수 있으리라 봅니다. 저는 가상현실이 교사의 역할을 대체할 것이라고 보지는 않습니다. 단지 보완적인 역할에 불과할 것입니다.

재난 시 안전 대응 ▬▬▬▬▬

Q 저는 지금 경찰대학을 다니고 있고 내년에 경찰이 될 예정입니다. 저의 분야에서도 사용할 수 있는 어플리케이션이 있는지가 궁금합니다. 특히 경찰 훈련에서도 사용할 수 있는 어플리케이션이 있는지 궁금하며, 또한 향후에 가능성이 있는 분야인지 묻고 싶습니다.

경찰 관련 어플이
있습니까?

A 댄 레저스카 아직까지 경찰을 위한 어플리케이션을 많이 개발하지는 못했습니다. 하지만 안전이나 재난 시 위기에 대응하는 어플리케이션은 있습니다. 만약 석유나 화학 분야의 경우 폭발사고가 나게 되면 이에 대한 대응 시나리오가 필요합니다. 지진이 발생했을 때에도 행동 요령이나 수칙이 필요하죠. 이런 것들이 모두 현재 어플리케이션으로 개발되어 있습니다. 경찰과 관련된 어플리케이션은 매우 흥미롭게 느껴집니다. 아직은 개발되지 않았지만 좋은 아이디어 입니다

아직 없지만,
훌륭한 아이디어라고
봅니다

"지식이 결국 인간의 삶에 영향을 미친다는 점에서
가상현실의 변화와 발전은 인류의 삶에도
커다란 영향을 미칠 것이라고 생각합니다."

전 독일 노동개혁위원장_페터 하르츠

노동 문제의 해결을 위한
새로운 시스템의 가동

어떤 나라든 실업률은 항상 문제가 되고 있습니다. 그리고 정치계에서는 이런 문제들을 두고 많은 갈등을 빚고 있고 권력다툼을 하는 경향도 보이고 있습니다. 독일도 물론 이런 과정을 겪었습니다. 특히 2000년대 초 독일은 경제가 심각하게 악화됐습니다. 독일은 '유럽의 병자'라고 불렸으며 당시 과도한 복지비용 지출, 통일 후유증 등으로 경제성장률이 0% 수준으로 떨어지고 실업률은 10.8%까지 뛰었습니다. 실업자 수가 최고 500만 명에 이를 정도로 실업률은 높아졌고 덩달아 정부의 부채도 많아졌습니다. 당시 최고 권력자였던 슈뢰더 전前 총리는 이 문제를 보다 적극적으로 해결하기를 원했습니다. 그 결과 위원회를 구성해 각 사회의 모든 계층을 위원으로 삼고 유력 기관들과 협력하며 머리를 맞대기 시작했습니다. 물론 여기에는 대기업의 참여도 필수적이었습니다. 도이치뱅크, 지멘스, 맥킨지 등의 기업들이 모든 지식을 총동원해 이 문제를 해결하려고 했습니다.

143

사회복지와 연관된 노동개혁

이 과정에서 저희는 전 세계의 노동 현장을 지켜보면서 다른 나라들은 과연 어떻게 했는가를 살펴보았고, 그 안에서 얻은 핵심 아이디어를 독일에 적용시키려고 했습니다. 우리 독일의 노동시장에 맞는 정책이 필요했기 때문입니다. 최종적으로 저희는 '아젠다 2010'을 수립했고 여기에는 건강보험, 교육, 연금, 그리고 가정 정책까지 상당히 다양한 분야가 포괄되었습니다. 그런데 그중에서도 가장 중요한 것은 바로 고용과 노동이었습니다. 왜냐하면 아무리 국민들이 똑똑하다고 하더라도 경제가 나쁘고 노동시장이 안정되지 않으면 그러한 장점을 살릴 수 있는 방법이 없기 때문입니다. 2006~2007년에 걸쳐 독일은 심각한 경제 불황을 겪기는 했지만 이러한 개혁정책 덕분에 경제는 서서히 살아나기 시작했습니다.

저희가 특별하게 신경을 썼던 것은 새로운 노동시장의 구조를 창출하는 것이었고, 이 과정에서 사회복지정책과 관련된 형태의 개혁을 이뤄냈습니다. 따라서 국민 개개인의 차원에서는 일을 하겠다는 의욕, 동기부여가 가능한 상태를 만들려고 노력했습니다. 실업 상태에 놓인 사람들은 다시 노동시장에 뛰어 들어 일을 하겠다는 의지를 독일 노동청에 보여주어야만 복지혜택을 누릴 수 있도록 관련된 법을 정비했습니다. 이러한 동기부여 없이는 장기 실업자 문제를 해결할 수가 없었기 때문입니다. 따라서 이들을 고용하려는 정부의 노력과 그 노

"실업자들은 대기업에 근무할 수 있어서 좋았고,
대기업은 그들을 훈련시켜 더 훌륭한 근로자로
만들기 위해 노력했습니다."

동에 참여하려는 국민들의 의욕을 동시에 고취시키려고 했습니다. 물론 여기에 참여하지 않고 사회복지에 편승하려는 사람들에게는 강제조치를 취하기도 했습니다. 이러한 과정에서 '미니잡'(편집자 주 : 2003년 독일에 본격 도입된 시간제 일자리. 월소득 450유로(한화 54만 5천원) 이하의 일자리를 말한다.)이라는 형태의 직업이 등장했습니다. 현재 약 900만 명에 이르는 독일 국민들이 이러한 형태의 일을 하고 있습니다. 이는 실업률 해소에 큰 도움이 되었습니다.

물론 이러한 개혁은 정부의 보조금 수혜자들을 계속해서 누적시킨다는 비판을 받기도 했습니다. 그러나 저희는 이러한 단점을 극복하려고 했습니다. 독일에서 일반적인 노동시장에 편입되어 있지 않은 사람은 두 가지 부류로 나눌 수 있습니다. 한 부류는 실업자이며, 또 한 부류는 사회복지 수혜자입니다. 하르츠 개혁은 바로 이러한 두 가지 부류를 통합시키고 그들

이 노동시장에 참여하는 방향에 초점을 맞췄습니다. 그 결과 500만 명에 이르던 실업자를 300만 명 수준으로 낮출 수가 있었고 더불어 대기업들도 인재양성을 위한 투자를 할 수 있도록 동기를 부여했습니다. 정부에서는 실업자를 고용하는 대기업에게 단기적으로 정부 보조금을 지급했습니다. 따라서 실업자들은 대기업에 근무할 수 있어서 좋았고, 대기업은 그들을 훈련시켜 더 훌륭한 근로자로 만들기 위해 노력했습니다. 근로자와 대기업이 서로 상생의 길로 들어설 수 있었던 것입니다.

물론 이렇게 되기 위해서는 연방정부의 협조도 필수적이었습니다. 아시다시피 독일은 주정부와 연방정부가 있고, 때로는 연방정부가 주정부의 의견에 동의하지 않는 경우도 있기 때문입니다. 하지만 이러한 노동시장의 개혁에 대한 필요성은 모두가 절감했고, 결과적으로 입법을 승인해 주어 노동개혁의 법적 근거를 마련할 수 있었습니다.

재능 발굴과
직무 평가 제도의 중요성

이러한 독일의 노동시장 정책은 유럽에서도 좋은 선례를 남겼습니다. 그래서 많은 유럽 국가들이 독일을 따라 하려고 시도하고 있습니다. 유럽도 벌써 500만 명이나 되는 실업자가 생겼고 더욱 늘어날 가능성도 있습니다. 따라서 저희가 활용했던 다양한 방법을 활용하면 이러한 실업률의 상승을 막을 수 있지 않을까 생각합니다.

첫째, 청년들의 재능을 개발하는 프로그램을 제도화하는 것입니다. 현재 많은 인사 담당자들이 재능 진단을 통해서 기업에 들어오려는 젊은이들에게 어떤 재능이 숨어 있는지를 정의하고 측정하려는 시도를 하고 있습니다. 이것이 보다 명확한 시스템으로 정착이 된다면, 고용하려는 측과 고용되기를 바라는 측 사이의 이견이 사라질 수 있을 것입니다. 예비 입사자들이 어떤 재능을 가지고 있는지를 제대로 파악하는 것은 기업의 의무이기도 합니다. 따라서 청년들에 대한 이러한 재능진단프로그램이 제도화되면 청년 실업 문제가 크게 해소될 것이라고 생각합니다.

둘째, 직무에 따른 평가 제도를 정착시키는 것입니다. 만약 우리가 정확한 소프트웨어를 통해서 피고용인들의 직무를 제대로 평가하고 그에 맞는 또 다른 새로운 직무를 개발할 수 있다면 청년 실업 문제가 보다 빠르게 해결될 것이라 생각합니다. 이러한 방법은 독일의 우방국가인 한국에서도 논의되길 바랍니다. 한국 청년들에 대한 재능 진단을 통해 새로운 시스템이 마련되면 실업률 해소에도 도움이 될 수 있기 때문입니다. 특히 현대 사회에서는 라이프 스타일의 패턴이 굉장히 많이 바뀌고 있고 가정에서 재택 근무하는 사람들도 늘고 있습니다. 따라서 중소기업의 경우 이러한 방법을 활용하면 매우 유용한 고용시스템을 만들어 낼 수 있으리라 봅니다.

The 6th
ASIAN
LEADERSHIP
C O N F E R E N C E

ChosunMedia
THE CHOSUNILBO   TV CHOSUN

독일의 경우에는 약 7개 정도의 직업군이 있습니다. 이런 직업군에 맞춰서 적절한 소프트웨어를 개발하고 거기에 맞춰 마케팅 시스템을 개발하면 각각의 직업군에 맞는 새로운 직무를 만들어 낼 수 있을 것입니다. 물론 단기적으로 변화는 안 될 수도 있지만 장기적으로는 분명 청년 실업 문제를 해결할 수 있으리라 확신합니다.

더불어 건강을 코칭해 주는 전문적인 프로그램도 필요합니다. 저희가 처음에 노동개혁을 시작했을 때는 당시 노동시장이 많이 정체되어 있는 상황이었고 장기 실업자들이 특히 많은 상태였습니다. 이 상황을 바꾸기 위해서는 정책도 중요하지만 그 사람들 자체도 바뀔 필요가 있었습니다. 그런데 문제는 이런 일들이 쉽게 일어나지는 않는다는 점입니다. 장기 실업자가 장기 실직 상태를 벗어나려면 생활에 대한 인식과 분위기 자체가 바뀌어야 합니다. 그렇지 않은 상태에서 무조건 일자리만 제공한다고 되는 것이 아닙니다. 장기 실직자가 처한 생활 환경에 맞는 직업이 제시가 되어야만 그 직업을 받아들이고 장기실직 상태에서 벗어날 수 있는 것입니다.

또한 이런 문제를 생각할 때는 장기 실직자들의 건강문제 또한 생각을 해야 합니다. 장기 실직자들 같은 경우 건강이 악화되어 있는 경우가 많습니다. 그렇기 때문에 이런 장기 실직자들을 다시 고용상태로 전환시키는 데에는 이 사람들의 재능을 파악하는 것도 중요하지만 이와 동시에 건강을 코칭해 줄 수 있는 전문적인 프로그램을 개발하는 것도 중요합니다.

마지막으로 한국은 노동개혁을 하는 데 있어서 미래의 남북통일도 염두에 두어야 할 것으로 생각됩니다. 한국 역시 독일처럼 남북통일 이후 불거질 노동시장 문제도 대비해야 합니다. 통일이 되면 북한에 실업자가 넘쳐나고 이들이 남한으로 몰려들 것이며, 이는 북한 근로자들의 정신적 박탈감과 또 다른 문제들을 야기할 수 있기 때문입니다.

한국은 매우 강하고 성공적인 국가이며 높은 교육 수준을 가진, 부지런한 국민이 있는 나라입니다. 노사 모두 '원하지 않는 조건이라도 최악의 상황을 방지하기 위해 대화하려는 자세'를 가져야 합니다. 협상을 진전시키기 위해서는 상대방이 감수할 수 있을 만한 조건을 제시하는 것이 중요합니다.

페터 하르츠 전 독일 노동개혁위원장

페터 하르츠 전 독일 노동개혁위원장은 혁신적인 인적자원 관리와 노동개혁 정책으로 오늘날 독일 번영의 초석을 구축한 인물이다. 게르하르트 슈뢰더 전 독일 총리의 주요 보좌관이자 '하르츠 개혁'을 설계했으며, 지역 개발 비영리단체인 SHS재단을 설립했다. 그는 또 '노동시장에 관한 현대 서비스' 정부 위원회 회장을 역임했다.

폭스바겐 그룹 재직 시절 하르츠 전 위원장은 본사 이사회와 노동이사로 활약하며 가족용 밴인 '투란(Touran)'을 성공적으로 제조 · 생산하는 데 기여했다. 그는 새로운 제조 과정과 유통 경로, 혁신적인 사내 연수 프로그램 등의 노사협력 방안을 끌어냈다.

일자리에 대한 개인적인 비전과 동기부여　━━━━

Q 독일과 유럽이 안고 있는 청년 실업 문제와 장기 실업자 문제를 지적해 주셨고 대안도 말씀해 주셨습니다. 지금 노동시장 개혁은 한국뿐만이 아닌 전 세계적으로 많은 나라에서 필요한 것이기도 합니다. 노동시장 개혁이 왜 중요한 문제가 되고 있는지 보충 설명해 주시면 감사하겠습니다.

노동시장 개혁에 대한
보충 설명을 부탁드립니다

A　페터 하르츠　우리가 개혁을 추진할 때 기준으로 삼은 것이 바로 '인간의 존엄성'에 대한 것이었습니다. 일자리를 가진다는 것은 인권이며 사회의 일원으로서 권리와 가치를 갖는 것입니다. 모든 사람이 어떤 미래에 대한 전망을 가지고 있어야 된다는 것입니다.

노동자에게
희망을 주는 정책이
필요합니다

저는 폭스바겐에서 근무할 때 3만 명을 감원해야 할 상황에 처한 적이 있습니다. 하지만 감원 대신 주5일 근무에서 주4일 근무로 바꾸어 일을 분배했습니다. 결과적으로 일하는 날이 20%나 줄어들었지만 사람들은 모두 일자리 자체를 유지할 수 있었습니다. 비록 경제적인 소득은 줄었지만 '일자리를 잃지 않아도 된다'는 개인적인 전망 속에서 동기부여를 유지할 수 있는 것입니다. 실직 위기에 있는 아내, 혹은 남편이 실직 상태에 빠지지 않게 된다면 그것만으로도 사람들에게 용기를 북돋워 주는 일이 됩니다. 당시 독일사회가 이러한 제도를 적극 활용했습니다.

이렇게 사람들에게 동기와 용기를 주게 된다면 현재 유럽의 500만 청년 실업 문제도 좀 더 쉽게 해결이 되지 않을까 하는 생각입니다. 유럽 사람들은 이런 문제들을 주요 과제로 삼아야 합니다. 젊은 사람들이 지금 일자리가 없는 것에 대해 기성세대는 미안하게 생각해야 합니다. 그리고 다음 세대를 위해 문제들을 해결할 수 있는 방안을 제공해야 합니다.

노동개혁에 있어 소통의 중요성

사회적 대타협을 위한 방법은 어떤 것이었습니까?

Q 노동시장의 개혁에서는 노동계와 경영계, 그리고 정부가 모두 합심해서 대화를 해나가야 합니다. 노동계나 경영계를 설득시키지 못한다면 노동시장 개혁프로그램을 실행하기 어려운 것이 현실이기 때문입니다. 당시 위원회를 이끌면서 사회적 타협을 어떻게 이루었는지, 그리고 축소되는 복지에 대한 반대를 어떻게 대화를 통해서 풀었는지에 대한 이야기를 듣고 싶습니다.

직원과 회사가 공동운명체라는 것을 인식해야 합니다

A 페터 하르츠 노동자들과 처음 대화를 할 때 상황은 상당히 좋지 않았습니다. 하지만 서로 간의 대화를 통해 기업은 경영 결과를 투명하게 공시하기로 결정했고 노조도 여기에 동의했습니다. 독일의 노조는 다른 나라와는 다르게 사회적으로 상당한 인정을 받고 있습니다. 이와 동시에 노조는 기업이 이윤을 창출해야 한

다는 사실도 알고 있습니다. 기업이 이윤을 창출해야만 노동자들에게도 이익이 되는 것이죠. 이러한 상황에서 '경제를 살리기 위해 노동시장을 개혁하자'라는 이야기는 이미 노사 간에 기본적으로 합의에 달한 것이라고 해도 과언이 아닙니다. 대신 기업의 측면에서는 이윤이 많으면 이를 노동자들과 공유하고 나눠야 한다는 사실도 알고 있었습니다. 당시 이런 합의가 도출되지 않았다면 많은 사회적 비판이 있었을 것입니다. 물론 일각에서는 이러한 문제에 대해 비판의 목소리도 있었습니다. 하지만 그 당시 경

제는 너무 좋지 않았고 다행히 노조 측에 훌륭한 지도자들이 있고 기업도 이에 합의함으로써 공동의 노력을 실천에 옮길 수 있었습니다. 따라서 기업이 성공하려면 반드시 직원들의 아이디어를 최대한 반영을 해야 합니다. 더불어 직원들은 자신의 아이디어가 반영이 되는 기업이라고 생각을 할 때만이 미래를 위해서 기업의 활동에 더욱 헌신적으로 참여하게 됩니다. 이렇게 '기업의 운명과 사원들이 운명이 함께한다'는 것에 대한 사회적인 합의가 반드시 필요합니다.

대한민국 고용노동부 장관_이기권

소통으로 이뤄낸 노사정 대타협,
입법화로 현실화한다

현재 한국 노동시장은 중대한 기로에
서 있습니다. 일자리를 늘리는 것은 물론 그 일자리의 질도 개
선해야 하는, 두 마리 토끼를 잡아야 하는 상황입니다. 한국의
노동시장은 70~80년대에 비해 성장이 반으로 줄어들었습니
다. 이와 동시에 고용 증가율은 3분의 1로 더욱 급격히 줄었
습니다. 소득 3만 불인 선진국들의 고용률이 70%를 넘고 있
는 데 비해 한국은 지난 2014년 말 65.3%에 불과했습니다.
무려 5%의 차이가 나고 있습니다. 그 주된 원인은 청년과 여
성 고용률이 매우 낮기 때문입니다.

　이렇게 청년의 고용률이 낮은 첫 번째 이유는 바로 산업화
과정에서 정착된 연공서열식 임금 체계 때문입니다. 제조업의
경우 비슷한 일을 하더라도 처음 입사한 청년과 30년간 근속
한 근로자 간에는 무려 3.3배의 임금 차이가 있습니다. 독일의
경우에는 이 차이가 1.9배에 불과합니다. 이러한 연공서열식
임금은 근로자들의 장기근속을 어렵게 하고 청년들을 신규 채
용하는 데 저해 요인으로 작동하고 있는 것이 현실입니다.

더불어 한국은 가장이 혼자 벌어서 가계를 책임지는 오랜 관습이 있습니다. 이는 곧 장시간의 노동을 유발하지만 시간당 생산성은 매우 낮은 결과를 만들어 내고 있습니다. 독일과 비교해 보면 '8시간짜리 일자리의 숫자'에서는 큰 차이가 나지 않지만, 실제 고용률은 8% 이상 차이가 난다는 것을 알 수 있습니다. 이는 곧 한국의 일자리가 다양하지 못함을 증명하고 있습니다.

비정규직의
대량 양산이라는 문제

더불어 기간제나 파견제의 확산도 노동시장을 더욱 악화시키는 요인이 되고 있습니다. 97년 이전까지만 해도 한국 기업들은 대립적 노사관계와 낡은 노동시장 규율로 인해 직접 고용을 할 수밖에 없었습니다. 그러나 IMF 구제금융 사태를 겪으면서 기간제나 파견제가 급속도로 확산되었습니다. 뿐만 아니라 2000년대 중반에 들어서는 하도급 현상이 늘어났습니다. 이로 인해 600만 명이 넘는 비정규직이 양산되었고 1년에 1만 2천 건 이상의 해고 분쟁이 발생하고 있습니다. 이와 동시에 정년이 보통 57~58세임에도 불구하고 평균적으로 53세가 되면 퇴직하는 현상도 늘어났습니다.

이러한 여러 가지 상황 때문에 노동시장 내에서의 임금 격

158

차도 커지고 있습니다. 전체 근로자의 10%가 대기업 정규직으로 근무하고 있는 상황에서 그들의 임금을 100이라고 봤을 때, 중소기업 정규직의 임금 수준은 54%에 불과합니다. 특히 중소기업 비정규직의 경우에는 그보다 더욱 낮은 37% 밖에 되지 않습니다. 임금도 임금이지만 대기업의 2, 3차 협력업체인 중소기업의 근로 조건은 상대적으로 매우 열악하다는 것에 문제의 심각성이 있습니다.

또한 이제는 고학력자조차도 양질의 일자리를 얻기가 무척 힘든 상황이 되었습니다. 97년 전에는 전문대졸 이상의 학력이었다면 대부분의 사람들이 양질의 일자리를 얻을 수 있었습니다. 하지만 15년이 지난 지금 총 1,050만개의 일자리 중에서 양질의 일자리는 600만 개 정도에 불과합니다. 이러한 여러 가지 복합적인 문제가 한꺼번에 작동되면서 현재 청년 실업의 문제는 그 심각성이 더욱 가속화되는 경향을 보이고 있습니다.

이
기
권

노사정 대표들의
꾸준한 소통과 합의 이뤄져

그렇다면 이제 이러한 문제를 해결하기 위한 노동시장 구조개혁 방안에 대해서 설명을 드리겠습니다. 노동시장 구조개혁의 핵심은 절벽에 가까운 청년 고용 상황을 해소해서 청년들에게 일자리를 주고, 성실한 근로자의 경우에는 60세의 정년 보장은 물론, 그 이상의 기간에도 일을 할 수 있도록 하는 것입니다. 이 부분은 이미 2014년 12월 노사정 대표가 합의를 했고 현재도 꾸준하게 협의를 해오고 있습니다.

보다 구체적인 대책으로는 우선 청년과 장년이 서로 상생할 수 있는 고용 체계를 갖추고자 합니다. 이 부분의 핵심은

바로 '임금 피크제'입니다. 기업은 정년을 앞둔 근로자와 고임금 근로자의 임금을 제한해 재원을 확보하고 여기에 기업이 추가로 투여하는 별도의 재원, 더 나아가 청년 채용 시 정부가 지원하는 보조금의 형태를 통해서 청년과 장년 세대가 상생할 수 있도록 지원하자는 취지입니다. 실제로 이미 임금 피크제를 실시한 기업에서는 청년 채용이 더 많고, 장년들의 퇴직률도 더 낮다는 것이 입증되고 있습니다.

더불어서 우리 사회의 격차를 해소하기 위해서 대-중소기업 간 동반 성장을 획기적으로 이뤄내고, 특히 납품 단가를 제대로 받을 수 있도록 하는 '납품단가 공정거래질서'를 확고히 하는 정책을 실시해 나가고 있습니다. 이렇게 하면 중소기업의 이익이 강화되고 이것이 곧 실업 해소에도 도움이 될 수 있기 때문입니다.

이와 더불어 임금 체계의 개편도 추진하고 있습니다. 임금 체계를 단순화하고 성과 중심의 임금 제도를 정착시킴으로써 기업의 경쟁력을 높이는 것은 물론이고 양질의 일자리를 더 만들어서 근로자들의 삶의 질도 향상시키고자 하는 것입니다. 더 나아가 근로자들이 기업에서 일하는 방식도 개선해 나갈 계획입니다. 현재는 휴일 근로와 연장 근로가 분리돼 있는 상황입니다. 따라서 이 부분을 통합, 점차 줄여나감으로써 14만 개 이상의 새로운 일자리를 창출하겠다는 계획을 가지고 있습니다. 또 하나 주목해야할 점은, 우리는 독일과 달리 사회안전망 장치가 다소 부족하다는 점입니다. 따라서 이런 개혁을 추진하는 동시에 고용보험의 적용 대상이나 기간을 넓히고 산재보험의 출퇴근 재해 등의 적용 범위를 넓혀 나갈 계획입니다. 더불어 우리도 고용 서비스를 확대해 나가면서 최저임금의 점진적인 인상, 또 3대 고용질서에 대한 감독을 강화해 나갈 계획입니다.

기업들이 가진 경직성,
두려움 해소

더불어 기업들이 근로자를 채용하는 과정에서 생기는 여러 가지 불안정 요소를 해소함으로써 직접 고용을 유도하고자 합니다. 첫째는 노사정 대타협의 결과를 현실에서 적용하기 위해 조속한 입법을 실시할 것입니다. 통상임금과 근로시간 단축은 이미 합의를 본 만큼 과감한 입법을 통해서 실제 현실을 바꿔나갈 수 있을 것으로 예상됩니다. 둘째, 기업들도 인사 관리, 고용의 안정에 대한 절차나 기준, 원칙을 분명히 하도록 유도해 나갈 것입니다. 전문가들과 협의는 물론이고 노사 당사자들과도 협의해서 인사 운영의 바람직한 방향을 잡아가도록 하겠습니다. 또한 노사 간의 갈등에 대한 문제도 반드시 해결하고 넘어가야 하는 부분입니다. 기업 쪽에서는 부당 노동행위가 더 이상 발생하지 않도록 하고 하도급화, 불법 파견을 방지해 줄 필요가 있습니다. 가급적 직접 채용을 유도하면서, 162

기본적인 기초 질서는 반드시 지키도록 하겠습니다. 노동계도 소위 세습 고용을 없애고, 인사 경영권에 대한 지나친 개입을 하지 않도록 만들 것입니다. 더불어 정치적 파업이나 불법 파업이 일어나지 않도록 노동시장의 잘못된 노사 관행을 고쳐나가도록 하겠습니다. 이렇게 건전한 노사관계가 성립된다면 노동시장이 더욱 투명해지고 향후 다양한 긍정적 발전의 토대가 될 수 있으리라 생각됩니다.

현재 한국의 대기업과 중소기업 노사, 그리고 정규직과 비정규직, 일자리를 구하고 있는 청년과 그 일자리를 만들려는 정부는 모두 함께 자전거에 올라 페달을 밟고 있습니다. 우리가 한 방향을 바라보고 모두 힘을 합칠 때 노동시장 개혁이라는 궁극적 목표가 달성될 수 있으리라고 봅니다.

이기권 대한민국 고용노동부 장관

전남 함평 출신으로 광주고와 중앙대 행정학과를 나와 행정고시 25회로 공직에 입문해 30년간 몸담았다. 1990년 주(駐) 쿠웨이트 한국 대사관에서 노무관으로 일할 당시, 이라크가 쿠웨이트를 침공하자 철수 대장을 맡아 우리 교민과 근로자 2천500명을 2,000km 사막 도로를 가로질러 철수시키는 데 공헌했다. 노사정위 상임위원과 고용노동부 차관을 지냈으며 2012년 8월부터 장관직에 오르기 전까지 한국기술교육대학교 총장으로 재직했다. 장관 임명 당시, "양질(良質)의 일자리를 늘리고, 10년 앞을 내다보는 노사 관계 룰(Rule)을 만드는 데 최선을 다하겠다"는 각오를 밝혔다.

163

노동시장 개혁의 궁극적인 목적 ━━━━━━

Q 노동시장 개혁이란 한 개인이 독립된 존재로서 살아가기 위한 선결 조건이자 우리 청년들에게 어떤 미래를 보여줄 수 있을 것인가에 대한 문제인 것 같습니다. 지금까지 독일과 한국 양국을 비교해 보았지만, 한국이 안고 있는 보다 특별한 문제도 있을 것이라고 생각됩니다.

독일과 다른 한국만의 특별한 문제는 어떤 것이 있습니까?

A 이기권 노동시장의 구조를 개혁하는 궁극적 목적은 독일이나 한국이나 모두 똑같다고 생각합니다. 특히 독일은 고용률이 정체되고 청년 실업, 장기 실업자, 인구 고령화의 문제가 있으며, 이것을 개혁하기 위한 핵심으로 기업들의 변화를 지지하고 이를 통해 고용을 계속해 유지하게 해준다는 측면이 있습니다. 이에 따라서 임금과 근로시간의 탄력화를 통해 문제를 해결하려고 했습니다. 또 정부의 취업 알선 기능을 강화하고, 우선 공공부문에서 이 모든 개혁을 선도해 나가는 측면이 있습니다. 한국 역시 이러한 기본적인 방향에서는 거의 동일하다고 볼 수 있습니다.

　다만 두 가지 입장에서 한국과 독일은 차이가 있습니다. 우선 독일은 '유럽의 환자'라고 불릴 정도로 많았던 사회복지를 줄이는 쪽에 역량이 투여되었습니다. 실업 급여 지급 기간을 32개월에서 18개월로 줄이는 등 교육과 연금개혁이 같이 이뤄졌습니다. 하지만 한국의 경우에는 노동시장의 격차가 매우 크고, 어려운 취약계층에 대한 사회보장 장치가 상대적으로 약합니다. 따라서 우리는 실업 급여 지급 대상이나 기간을 오히려 넓혀가는 쪽으로 보완을 해가고 있습니다. 또 하나는 소위 경직성을 해소하는 방법

사회보장제도, 경직성 문제의 해결에서 다소 차이가 있습니다

164

에 있어서의 차이입니다. 독일의 경우 해고의 유연성을 위해 적용 대상을 좀 더 넓게 한다거나, 기간제나 파견제 직원의 제한을 획기적으로 푼다거나, 독일의 전통적 산별 협약을 기업별로 적용할 수 있도록 풀어주는 등 제도적 유연성에 중점을 뒀다고 볼 수 있습니다. 반면 우리의 경우는 제도적 유연성보다는 시장 내 규율의 불확실성을 해소함으로써 기업이 가진 채용에 대한 두려움을 해소하는 것에 중점을 두고 있습니다. 예를 들면 취업규칙 변경 절차를 분명히 한다거나, 기존의 관행을 고쳐나가는 방식입니다. 또한 기업은 부당 노동 행위를 하지 않고, 노동조합도 지나치게 인사 경영권에 개입하는 것을 자제하도록 하는 방식입니다. 이렇게 한국은 경직성을 줄여주는 쪽에 더욱 역량을 투여하고 있습니다.

"한국의 대기업과 중소기업 노사, 그리고 정규직과 비정규직,
일자리를 구하고 있는 청년과 그 일자리를 만들려는 정부는
모두 함께 자전거에 올라 페달을 밟고 있습니다."

"우리가 한 방향을 바라보고 힘을 합칠 때
노동시장 개혁이라는 목표가 달성될 수 있습니다."

노동개혁의 구체적 과정을 알려주세요

Q 독일 노동시장 개혁의 경우 노동조합의 현실 인식과 기업과 노동조합 간의 신뢰와 믿음이 얼마나 중요한지를 보여주는 것 같습니다. 또한 노사가 서로 허심탄회하게 대화하고 대타협을 이뤄낸 것이 근본적인 동력인 것 같습니다. 한국의 경우 보다 구체적으로 노동시장 개혁을 어떻게 이뤄나갈 수 있는지 알려주시면 감사하겠습니다.

적절한 시기의 입법화가 답입니다

A 이기권 우리는 100일 동안 이뤄진 노사정 대타협 과정에서 많은 부분 공감대를 이뤄냈습니다. 그리고 그것을 몇 가지 포인트로 나눠서 추진해 가려고 합니다. 우선 청년과 장년의 상생 고용은 우리로서는 더 이상 미룰 수 없는 상황입니다. 특히 2016년 정년 60세 도입을 앞두고 올해 임단협 과정에서 취업 규정이나 단체협약에 이러한 사항이 반영돼야 합니다. 따라서 상생을 위한 단체협약이나 임금 피크제의 보완도 노사 간 긴밀하게 협의해서 현장에서 이뤄질 수 있도록 노동부가 가이드하고 컨설팅도 할 생각입니다. 다음은 쟁점이 됐던 취업규칙 변경 등에 대한 것입니다. 이미 2013년 5월 일자리 협약을 할 때, 정년 60세를 위한 취업규칙이나 단체협약 변경에 대해 노사가 적극 노력하기로 기본적인 합의가 돼 있고, 현행법 체계 내에서 전문가 및 노사와 더불어 시장에 갈등이 없도록 보완 방안을 만들어 적극적으로 추진하고 있겠습니다. 뿐만 아니라 독일의 개혁이 성공적이었던 것은 제 때에 입법이 이루어졌기 때문입니다. 따라서 저희 고용노동부 역시 입법화를 위해 국회와 적극적으로 협의해 나가도록 하겠습니다.

167

Ma Yun

Molly Turner

Rupert Hoogewerf

Gan Jie

Gilles Ste-Croix

C.B. Cebulski

Jason Merkoski

Dan Lejerskar

Peter Hartz

Lee Ki-Kweon

Michelle Mone

Jean Lydon-Rodgers

Debbie Wosskow

Sam Horn

Nicholas LaRusso

Barbara Spurrier

Kim Jae Hak

||||||||||||||||||||||||||||||||||||||||||||||||||||||||||||||||||||||||||||||||||||||||||||||||||||||||||||||||||||||||||||||

인류는 수세기 동안 '여성'이라는 이름을 비주류로 취급했다. 물리적인 힘이 약하다는 이유로, 양육을 해야 한다는 이유로, 때로는 여성이라는 성별 그 자체의 이유로 여성은 역사에서 배제되고 사회의 중심이 되기 힘들었다. 그러나 소통과 배려, 감성이 중요시 되는 21세기가 시작되면서 여성이 가진 색다른 가치들이 빛을 발하기 시작했다. 특히 비즈니스의 세계에서 여성이 가진 능력은 남성들이 하지 못하는 역할을 담당하면서 그 중요성이 부각됐다. 특히 여성들의 사회 진출이 활성화되면서 '유리천장'이 깨지기 시 작했고, 이제 여성들은 역사와 시대의 중심에 진입하는 새로운 시대를 지나고 있다. 역 사의 새로운 전환점이라고도 볼 수 있는 '여성'이라는 이름. 그녀들은 현재 어디까지 와 있고, 또 미래에는 어떤 역할을 담당할 수 있을까?

5

역사의 새로운 전환점,
여성

울티모 창업자_미셸 몬

포기하지 않으면
누구든 성공할 수 있다

저는 스코틀랜드 출신으로 매우 가난한 어린 시절을 보냈습니다. 12살이 될 때까지 화장실도 없는 빈민촌의 임대 주택에서 생활했습니다. 제가 10살 때 오빠는 세상을 떠났고 당시 38살의 아버지는 장애를 겪고 있었기 때문에 늘 휠체어에 앉아 있어야 했습니다. 결국 제가 빨리 일을 할 수밖에 없는 상황이었습니다. 어린 나이에 일을 시작 하면서 저는 '할 수 있다Can Do'는 정신과 강한 의지를 가질 수밖에 없었습니다. 그렇게 하지 않으면 저의 생존이 불가능했기 때문입니다.

창업에 대한 꿈을 꾸기 시작한 것도 같은 이유입니다. 저는 15살에 학교를 자퇴했고 19살에는 엄마가 되었으며 24살에는 구조조정 때문에 회사에서 쫓겨나기도 했습니다. 제가 선택할 수 있는 것은 저의 오랜 열망이기도 했던 '창업'이었습니다. 그러나 창업 당시의 상황은 극도로 열악했습니다. 수중에 가진 돈이라고는 500파운드(한화 약 85만 원)에 불과했으며 몸 속에서 셋째 아이가 자라나고 있는 상황이었기 때문입니다.

울티모 속옷이 진열된
매장 모습

하지만 생존의 목표 앞에서 달리 선택할 수 있는 것은 없었습니다. 그때 젤이 들어가 있는 속옷을 개발하기 시작했고, 마침 이 속옷이 영화배우 줄리아 로버츠가 주연한 「에린 브로코비치Erin Brockovich」라는 영화에 등장하면서 큰 성공을 거두게 되었습니다. 그 후 회사는 어느덧 6만 3천 명의 직원을 고용할 정도로 커졌습니다. 2014년 저는 새로운 발전을 꾀하기 위해 회사의 80%를 매각하는 결정을 단행하게 되었습니다. 또한 그간의 삶을 정리하면서 얼마 전에는 자서전을 내기도 했습니다. 제가 책을 낸 이유는 나에 관한 살아있는 이야기를 통해서 다른 사람들이 많은 영감을 받기를 원했기 때문입니다. 저의 짧은 경험으로 감히 확신해서 말하건데, 강한 의지와 열정만 가지고 있으면 어떠한 장애물이든지 넘어설 수 있습니다. 창업을 한 이후에도 저에게는 시련과 고난이 그치지 않았습니다. 남편과 이혼을 하는 스캔들이 발생했고 체중이 증가하고 음주량이 많아졌습니다. 저는 이러한 시련을 이겨내기 위해 술을 끊고 하루에 7km씩 뛰면서 체중 감량에 돌입했습니다. 이러한 노력으로 저의 인생에는 여러 가지 긍정적인 변

172

화가 일어났고, 최근에는 영국 여왕으로부
터 대영제국훈장OBE을 받기도 했습니다.
이 모든 과정에서 제가 가슴에 품고 있었
던 한마디는 '결코 포기해서는 안 된다'
는 것이었습니다. 자신의 삶을 자신이 포
기한다면, 그 누구도 도와줄 수 없기 때문입니
다. 고난은 극복을 위해 있는 것이며, 삶은 성취를
위해 존재하는 것입니다. 여자든 남자든 포기하지 않
고 노력을 하면 반드시 성공을 거듭해 나갈 수 있다는 말
씀을 드리고 싶습니다.

© Ultimo

The Leading Designer Lingerie Brand

미셸 몬 울티모 창업자

미셸 몬은 열정과 추진력을 두루 갖춘 경영 방식이 어떻게 기업을 성공으로
이끄는지 보여주는 인물이다. 속옷 디자이너로 시작해 지난 17년 동안 일궈
온 성공신화는 연단에 설 때마다 청중들에 강력한 메시지를 전달하며 영감을
주고 있다. 그는 '여성의 자신감을 높이면서 외모를 돋보이게 하자'는 콘셉
트로 자신의 의류 사업을 성공가도에 올렸다. 영국 의류 산업에 이바지한 공
로를 인정받아 여왕이 수여하는 대영제국훈장을 받았고, '세계 젊은 기업인',
'올해의 여성 기업가'상을 수상했다.
그는 2005년 빌 클린턴 전 미국 대통령, 미하일 고르바초프 전 소련 대통령
과 함께 연단에 섰다. 오만 국왕을 도와 중동 지역 여성들이 기업을 설립하는
데에도 일조했다. 최근엔 '어프렌티스', '셀러브리티 마스터셰프', '북위 71도'
등 여러 TV 프로그램에 출연하며 방송인으로도 인기를 끌고 있다.

남자들과는 다른 눈으로 보고,
다른 방식으로 접근하는
여성들의 강점을 살려야 한다

제 삶의 여정은 늘 남자들이 상당히 많은 환경에서 이루어졌습니다. 우선 저는 펜스테이트 대학에서 전기공학을 전공했습니다. 지금도 그렇지만 당시에도 여자들이 공학을 전공으로 선택하는 경우는 극히 드물었습니다.

졸업 후 저는 전공을 살려보겠다는 생각에서 GE에 입사를 했으며 제조 공장의 감독으로 일하기도 했습니다. 저는 이미 22살에 중간 관리자의 역할을 했으며, 함께 일하는 사람들은 대부분 남자들이었습니다. 사실 남자로 가득찬 방에 혼자 여성으로 일하는 삶은 매우 불리할 수도 있습니다. 그러나 지금 생각해 보면 그것은 한편으로 매우 유리한 상황이기도 합니다.

제가 상대하는 각국 군과 기업 책임자는 대부분 남자인데, 나에게 먼저 귀를 기울일 때도 있지만 부당하게 폄하될 때도 있었습니다. 뿐만 아니라 항공기 엔진 부품을 제조하는 첫 3개월은 남자들 때문에 상당히 힘들었습니다. 제가 기계를 실제로 조작할 수 없다는 것을 알자 그들은 저를 짓궂게 대했으며 저를 이용해 자신들의 이익을 챙기기도 했습니다.

하지만 그래도 실망하지 않았습니다. 그 사람들로부터 배우겠다는 마음가짐으로 질문을 하고 친근하게 대했습니다. 그러자 그들도 저를 존중해 주기 시작했으며, 이 과정을 통해 저는 또다시 기회를 만들어 나갔습니다. 이후 8년 동안 직접 엔진 조립과 개발에 참여했고 군용기가 아닌 상업용 항공기 엔진 개발에도 참여하게 되었습니다. 제가 이렇게 했던 이유는 많은 남성 상사들이 '여성이라도 먼저 전문성을 키우고 그 다음에 사회적으로 관계의 폭을 넓혀야 한다'고 조언해 주었기 때문입니다. 그 결과 저는 깊이 있게 실무를 연구하는 단계를 거칠 수 있었고, 그 다음부터는 고객을 직접 만나는 것으로 제 스스로의 영역을 확장해 나갈 수 있었습니다. 다행히 함께 근무했던 여성 매니저가 있어서 그 모든 과정을 힘들지 않게 수행해 낼 수 있었습니다. 그 분 역시 여성이라는 이유 때문에 많은 고통을 겪었고 본인의 한계를 넘기 위해 수년간 노력을 해온 분이었습니다. 그 분은 저에게 자신의 경험도 이야기해 주었고, 저에 대한 회사의 투자가 중단되지 않도록 배려해 주었습니다. 그 결과 저는 연구 개발을 완성할 수 있었습니다.

하지만 그 이후의 사회적 관계를 확장해 나가는 과정에서도 여성으로서 곤란하고 힘든 점이 많았습니다. 한번은 고객사의 부사장 앞에서 프리젠테이션을 할 일이 있었습니다. 그 때 저희는 보잉 737에 관한 매우 좋은 기술을 보유하고 있었고 그것을 고객사에게 알리기 위한 자리였습니다. 그런데 문제는 프리젠테이션을 시작하기 전 발생했습니다.

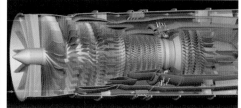

GE 항공에서 생산하는
엔진의 모습

제가 발표를 하기 위해 입을 떼자마자 고객사의 부사장은 무례하게 말을 끊고 이렇게 이야기했습니다.

"내가 왜 당신의 이야기를 들어야 하죠?"

저는 말문이 막혀버리고 말았습니다. 지금 와서 생각해 보니 그 분은 편견을 가지고 저를 대했습니다. 잘 알지도 못하면서 여자라는 이유만으로 그렇게 무례하게 대했던 것입니다. 제가 공격을 받고 있을 때 과거 저의 매니저였던 저의 리더가 옹호해 주고 인정해줬기 때문에 자신감을 회복하고 그 순간을 이겨냈던 기억이 있습니다.

그 이후 저는 여성들도 반드시 리더십을 갖추어야 한다고 생각했고 이를 위해서 많은 노력을 기울였습니다. 여성으로서 사회생활을 하는 데 중요한 것은 열심히 일하는 것은 물론 영민함과 당당한 자신감까지 갖추는 것입니다. 특히 여성들도 끊임없이 리더십을 가지고 자기 자신을 혁신하는 문화를 배워야 한다고 생각합니다. 나 역시 내 휘하의 조직과 업무를 장악

진
라
이
던
로
저
스

하면서 자신감을 가질 수 있었고, 그 결과 협상장에서 언제나 자신감 있게 나설 수 있었습니다. 또한 공대에서 '끊임없는 실험과 적용'을 배웠고, GE란 조직에서도 '항상 호기심으로 혁신하라'는 문화에 단련됐습니다. 이는 남성과 여성에게도 공통적으로 적용이 되는 것이라고 할 수 있습니다.

저는 여성들이 전통적인 남성 분야일수록 여성 고급 인력에 대한 수요는 오히려 높다는 사실을 알았으면 합니다. 여성들은 기존의 남자들과는 다른 눈으로 보고, 새로운 방식으로 접근함으로써 예상치 못한 뛰어난 결과를 가져올 수 있기 때문입니다. 특히 제가 있는 방위산업계가 가장 대표적이라고 할 수 있습니다. 미국과 유럽에서는 최근에 군軍출신 남성의 전유물이었던 군수업체 고위 임원직을 군과 무관한 여성이 차지하는 경우가 늘고 있습니다. 세계 1위 업체인 록히드 마틴의 메릴린 휴슨을 비롯해 3위 BAE 시스템즈의 린다 허드슨, 4위 제너럴 다이내믹스의 피비 노바코비치까지 모두 여성 최고 경영자입니다. 미 펜타곤과 거래하는 20여 개 방위산업체의 임원 중 약 15%가 여성이기도 합니다. 이는 이제 사회가 '연줄'보다는 '능력' 위주의 사회로 변했으며, 여성 경영자들이 투명하게 일하면 세계 시장을 대상으로 한 협상에서 강점을 가질 수 있다는 의미이기도 합니다.

또 한 가지 말씀드릴 문제는 여성이 사회생활을 하는 데 있어서 '일과 가정의 균형, 혹은 양립'에 관한 것입니다. 저는 그나마 '전업주부'인 남편을 둘 수 있어서 다행입니다.

"그 사람들로부터 배우겠다는 마음가짐으로
질문을 하고 친근하게 대했습니다.
그러자 그들도 저를 존중해 주기 시작했으며,
이 과정을 통해 저는 또다시 기회를
만들어 나갔습니다."

아이들이 5세, 2세가 됐을 때 저는 일을 계속하고, 남편은 직장을 그만두고 육아를 맡기로 했습니다. 물론 14년이 흐른 지금에도 그것은 옳은 결정이었다고 믿습니다. 하지만 그것만 으로 육아의 문제가 모두 해결되지는 않았습니다. 저는 여성 이 혼자의 힘으로 일과 가정을 완벽하게 양립시키는 건 불가 능에 가깝다고 생각합니다. 저는 남편이 전폭적인 지원을 했 음에도 불구하고 아이들이 한창 클 때에는 일에 온전히 집중 하기 힘들었기 때문입니다.

물론 일을 하면서 일과 가정 모두를 가질 수는 있습니다. 하지만 그것을 '동시에' 이루기는 무척 어렵습니다. 중요한 것 은 부부 간, 또 일과 가정 간에 이루어지는 '균형'입니다. 하나 를 얻으면 다른 하나를 잃을 수도 있습니다. 하지만 지금 잃어 도 나중엔 가질 수 있다는 자세를 가지시길 바랍니다. 여성은 남성들보다 더 많은 중압감에 시달립니다. 일을 통해 성공도 해야 하고, 그렇다고 가정과 아이들을 포기할 수는 없기 때문입니다. 따라서 이 문제에 대해서는 조금 여유를 가지고 접근하는 것이 좋을 것 같습니다.

　무엇보다 중요한 것은 여성이라는 것이 결코 사회생활을 하는 데 있어서 장애물이 될 수 없다는 점, 자신이 어떤 기회를 포착하느냐에 따라서 활동할 수 있는 분야도 무궁무진할 수 있다는 점을 꼭 가슴에 새겨두셨으면 합니다.

진 라이던 로저스 GE항공 군용엔진사업 총괄사장

진 라이던 로저스는 제너럴 일렉트릭(GE)항공의 군용엔진사업 총괄사장이다. 미 국방부 및 세계 군 고객을 대상으로 항공기, 헬리콥터, 함정 엔진 사업을 책임지고 있다. 2008년 GE 임원에 발탁돼 이듬해부터 GE항공의 군용엔진 사업을 총괄하고 있다.

그는 GE항공우주사업부의 운영 관리 리더십 프로그램을 통해 GE에 입사했으며, 이후 GE항공으로 자리를 옮겨 여러 프로젝트를 수행했다. 리더십 프로그램을 마친 후에는 CFM56, GE90, CF6, GP7200을 포함한 상용기 엔진 개발과 인증을 지원하는 평가 및 시험 엔지니어링을 담당했다. 2002년 F136 공급망 프로그램 매니저로 군용엔진사업부로 이동하여 현 직책으로 임명 되기 전까지 GE항공의 F136 엔진 프로젝트 부사장을 지냈고, GE 롤스로이스 전투기 엔진팀의 대표직을 역임했다.

진
라
이
던
로
저
스

이제 더 이상
유리천장 같은 것은 없다

저는 여성 기업가를 많이 배출한 가문에서 성장했습니다. 저희 어머니, 또 저희 할머니도 사탕가게에서부터 시작해서 여러 가지 기업들을 창업했습니다. 저 역시 제 딸에게 '여자라고 굳이 유리 천장에 부딪힐 필요가 없어. 뭐든지 다 할 수가 있어'라는 것을 보여주고 싶습니다. 저는 철학을 재미있게 공부했지만 취업은 투자 쪽으로 했습니다. 그러나 직장 생활은 저에게 너무 지루했고, 새로운 삶을 위해 창업을 하기로 결심했습니다. 그래서 25세에 온라인 마케팅 에이전시를 시작하면서 사업에 첫발을 내딛었습니다. 이후 회사는 만트라Mantra라는 이름의 마케팅 & 커뮤니케이션 컨설팅사로 발전했고 10년 동안 운영하다가 2007년 성공적으로 대기업에 매각했습니다.

당시 회사를 매각했던 이유는 제가 결혼을 하고 첫 아이를 가졌을 때, 뭔가 새로운 커리어의 전환이 필요하다고 생각했기 때문입니다. 처음으로 일을 그만둔 뒤 아이와 많은 시간을 가져야겠다고 생각하고 가정의 일에 집중했지만, 저는 오히려

데비 워스코

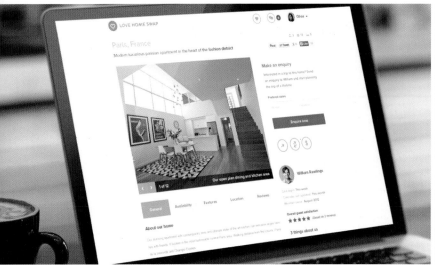

사회활동이 저에게 맞다는 결론을 내리게 됐습니다. 그러나 이 과정에서 불행하게도 저의 결혼생활이 파탄에 이르렀습니다. 하지만 이것이 새로운 사업의 기회가 되기도 했습니다. 저는 결혼 생활 중에 아이들과 여행을 간 적이 있습니다. 그때 호텔에서 저는 룸서비스를 통해 식사를 해결했고 아이들은 자기들끼리만 놀았는데, 그런 모습은 쉬는 여행도, 좋은 여행도 아니라는 생각이 들었습니다. 그러다 다시 비행기를 타고 돌아올 때「로맨틱 홀리데이The Holiday」라는 영화를 보면서 사업 아이템을 떠올렸습니다. 케이트 윈슬렛과 카메론 디아즈가 서로 집을 바꿔서 사는 이야기를 보면서 새로운 사업을 구상하게 된 것입니다. 저는 우선 제 친구들이 가지고 있는 50여개의 집을 서로 공유하는 시스템을 만들었고, 그것을 세계 시장으로 확장시켰습니다. 현재는 160여 개국에 약 6만 2천 가구 이상의 집이 등록된, 세계 최대 규모 주택 공유 사이트로 성장했습니다. 에어비앤비가 빈 방을 빌려주는 렌탈 서비스라면 러브홈스와프는 회원끼리 각자의 집을 바꿔서 생활해 보는 서비스라는 점에서 차이가 있습니다. 이는 '공유경제'라는 중요한 트렌드와도 잘 부합이 되었고 개인에게도 경제적 혜택을 줄 수 있었습니다.

자신과 스타일이 다른
사람과 일하라

저는 사업을 하면서 여성이라는 것이 결코 단점이라고 생각해 본 적이 없습니다. 물론 제가 두 아이를 혼자서 키우고 있다는 점이 남들에게는 일의 방해 요소로 보일 수 있지만, 오히려 더 다양한 시장을 이해할 수 있는 장점이 되기도 합니다. 대부분의 남자는 주부 또는 워킹맘이 어떤 고민을 하고 어떤 서비스를 필요로 하는지 쉽게 이해할 수 없습니다. 그만큼 남성들이 알 수 없는 세상을 제가 직접 경험하고 있기 때문에 새로운 시장 창출이 가능하다는 이야기입니다. 아이를 키우고 있기 때문에 일에 대한 책임감과 간절함도 남다를 수밖에 없습니다. 또 비즈니스 교류를 할 때도 여성이라는 점이 유리할 때가 많습니다. 어디서든 여성 CEO가 흔치 않기 때문에 눈에 띄고 상대방의 기억에 각인될 수 있습니다. 보이지 않는 벽을 뜻하는 '유리 천장Glass Ceiling' 때문에 여성의 사회 진출이 어렵다는 얘기는 옛말입니다. 생각을 조금만 바꿔보면 여성이라는 점은 비즈니스에서 큰 장점이 될 수 있습니다. 자신에게 단점이 있다고 생각하면서 사회 진출의 제약을 두는 것은 어리석은 일입니다. 모든 단점은 곧 장점이 될 수 있기 때문입니다.

더불어 여성이 창업을 할 때 꼭 주의할 것이 있습니다. 저는 지금까지 창업하면서 항상 남성 파트너와 일해 왔습니다. 가장 큰 이유는 제가 갖지 못한 '스킬'을 가지고 있기 때문이었습니다. 15년 동안 회사를 이끌어 오면서 배운 점 중 하나는 '파트너는 나와 모든 면에서 정반대여야 한다'는 점이었습니다.

나와 비슷한 성향을 가진 사람과 일하다 보면 회사가 한 방향으로만 흘러가기 쉽습니다. 이런 상황은 처음에는 좋아 보입니다. 큰 이견 없이 일이 진행되기 때문에 불협화음이 없고 모든 일이 잘 풀려가는 것처럼 보이기 때문입니다. 하지만 시간이 지나면서 간과하고 넘어간 부분들을 발견하게 됩니다. 예상하지 못했던 리스크 혹은 놓쳐버린 기회가 뒤늦게 보이는 것입니다. 따라서 창업을 할 때는 절대적으로 다양한 사람이 모여야 합니다. 전공 분야뿐만 아니라 성격, 취향, 취미까지 다를수록 좋습니다. 누군가는 나의 의견에 반대도 하고 목소리도 높여야지 서로 설득을 하게 되고, 이 과정에서 더 나은 결정을 내리게 됩니다. 회의할 때 상대방의 의견에 고개만 끄덕이는 사람은 필요 없습니다. 적극적으로 반대하고 다른 의견을 내는 사람과 일해야 발전할 수 있습니다. 다만 막무가내로

비난만 하는 사람과 일하라는 것은 아닙니다. 건설적이고 논리적인 비판을 하는 사람과 함께하는 것이 중요합니다.

또한 여성일수록 인맥 구축에도 힘을 써야 합니다. 사업을 시작한 이후로 가장 많은 시간을 할애한 일은 바로 인맥Network 구축이었습니다. 아시다시피 '무에서 유'를 창조하는 식으로 사업을 하다 보면 자금이 필요하기 마련입니다. 이때 비즈니스 모델 못지않게 중요한 것은 나를 도와줄 수 있는 사람을 많이 만드는 것입니다. 단순히 사업 아이템이 좋으면 자동으로 자금이 지원된다고 생각하는 것은 안일한 생각입니다. 내 비즈니스가 얼마나 좋은지 직접 알리고 많은 사람을 설득하는 등 직접 발로 뛰는 노력이 필요합니다. 나의 사업과 관련된 많은 모임에 참석하고, 새로운 모임을 주도할 필요도 있습니다. 물론 인맥에서 얻어지는 성과가 노력에 정비례하지 않기 때문에, 시간 낭비처럼 느껴질 수 있습니다. 하지만 이 과정에서 예상치 못한 투자자를 만날 수 있다는 점도 간과해서는 안 됩니다.

스타트업을 하는 CEO가 바쁜 것은 너무나도 당연한 일입니다. 저는 매일 아침 해가 뜨기 전에 일어나 이메일을 체크하고 두 아이를 학교에 바래다주고 출근합니다. 이렇게 바쁜 스케줄을 소화하다 보면 사람 만나는 일에 지칠 때가 있습니다. 하지만 내 몸이 힘든 만큼 성과로 보답 받는 일이 바로 스타트업이라고 생각합니다.

또한 사업을 할 때 굳이 환경을 탓할 필요는 없다고 봅니다. 모든 스타트업이 꿈꾸는 곳이 바로 미국 캘리포니아 실리콘밸리입니다. 기업가 정신으로 무장한 창업자들이 가득하고, 이들을 도우려는 민간 투자 역시 활발합니다. 아이디어 하나만 있으면 내 회사를 충분히 꾸릴 수 있는 곳이기도 합니다. 물론 런던도 창업하기 나쁜 환경은 아닙니다만, 종종 한계를 느낄 때가 있습니다. 미국과 다르게 유럽은 여전히 대기업 중심의 기업 문화가 강하고, 스타트업에 대한 자금 지원도 상대적으로 부족합니다. 대부분 유럽 국가가 자동차 공유기업 우버UBER의 사업을 금지한 것처럼 공유경제에 대한 이해도 아직 부족합니다.

하지만 그렇다고 아이를 키우는 제가 사업을 위해 미국으로 이주하는 것은 어리석은 일이라고 생각합니다. 제 평생을 런던에서 살았고, 가족과 동료 등 나를 도와줄 수 있는 평생의 인맥들이 다 그곳에 있기 때문입니다. 저는 환경을 바꾸는 것 역시 기업가의 몫이라고 생각합니다. 내가 사는 곳이 실리콘 밸리가 아니라면, 이곳의 환경을 바꿔 나가면 됩니다. 그것이 바로 기업가 정신입니다. 또한 여성으로서의 객관적 현실, 남들이 안 된다고 하는 편견, 스스로에 대해 나약한 자세를 이겨 나가는 것 역시 여성이 반드시 가져야 할 리더십이라고 생각합니다.

데비 워스코 러브홈스와프 CEO

데비 워스코 대표는 온라인에 자신의 집을 등록해 다른 사람의 집과 맞교환해 지내는 '러브홈스와프(Love Home Swap)'의 창업자이다. 경영컨설턴트 출신으로, 25살 때 마케팅 · 커뮤니케이션 컨설팅사인 만트라(Mantra)를 설립했다. 러브홈스와프 창업을 결심한 건 2011년 가족과 휴가를 즐길 수 있는 합리적인 가격대의 숙소를 찾는 데 어려움을 겪으면서다. 운영 방식은 영화 「로맨틱 홀리데이(The Holiday)」에서 영감을 얻었다. 러브홈스와프는 2012년 벤처캐피털(VC)을 통한 투자 유치에 성공하면서 급속도로 성장했다. 당초 250가구 규모로 첫발을 내딛었으나, 오늘날 160여 개국에 약 6만 2천 가구 이상의 집이 등록된 세계 최대 규모 주택 공유 기업으로 성장했다.

그는 영국 정부로부터 제안받은 공유경제에 대한 백서를 내고, 공유경제 종사자들의 모임인 '유럽 공유경제' 네트워크를 창설했다. 여러 미디어에서 공유경제와 기업가 정신에 관한 논평가로도 활동하고 있다.

직장에서의 남녀평등 문제

Q OECD 국가 중 한국은 직장에서의 남녀평등에서 최하위권에 해당됩니다. 그리고 98%의 주요 기업 임원진들은 남성들이고 단 2%만 여성이라고 들었습니다. 미국이나 영국의 경우에 비교하여 생각해 보면 한국의 상황은 여전히 여성에게 한계가 있는 것 같습니다. 한국의 이런 상황에 대해 어떻게 생각하시나요?

한국의
남녀 불평등
어떻게 생각합니까?

A 진 라이던 로저스 저희 GE에서도 2007년도에 회사의 최고책임자가 몇 명 되지 않는 여성 고위 임원진을 모아서 이야기를 나눈 적이 있습니다. 어떻게 하면 여성들에게 더 많은 기회를 줄 수 있을까 하는 내용이었습니다. 저희는 GE 안에서 여성들이 더 목소리를 높일 수 있는 방법은 뭐가 있을까 고민을 했습니다. 그때 생겨난 것이 바로 'GE Women's 네트워크'라는 공식 조직이었습니다. 이 여성 네트워크의 목표는 GE안에서 여성 직원들의 커리어 발전을 도모하는 것인데, 전사적으로 120명까지 늘어났습니다. 이 네트워크의 목표는 멘토링과 스폰서십입니다. 젊은 여성 직원들 중에서 가정을 돌보는 것과 커리어의 추구에 대한 고민을 하는 경우가 있습니다. 이때 네트워크에서 조언을 해줍니다. 여러 기회들에 대해서 대화도 나누고 일과 가정의 균형은 자기 나름대로의 방법을 찾아야 된다는 것을 알려줍니다. 또한 여러 관계들을 구축할 수 있도록 멘토링과 스폰서십을 제공하고 있습니다. 저는 이 여성 네트워크에서 초창기부터 활동을 해왔습니다. 저에게 큰 도움이 되었을 뿐만 아니라 큰 영감을 준 롤 모델들도 만날 수 있었습니다. 이 여성 리더들이 저에게 훌륭한 조언을 많

멘토링과
스폰서십이
필요합니다

190

이 해주었습니다. 특히 안주하고자 하는 저에게 더욱 과감한 목표를 설정해 주어서 저 역시 더 힘을 내어 노력했고 지금 시점까지 오게 된 것 같습니다. 한국 기업에도 이렇게 여성을 지원하는 조직이 있으면 훨씬 좋을 것입니다. 여성들의 입장에서 여성에게 조언을 주고 멘토링을 해주는 이러한 조직은 그녀들에게 큰 힘이 되어줄 수 있기 때문입니다.

데비 워스코 저 역시 롤 모델이 굉장히 중요하다고 생각합니다. 특히 제가 아는 성공적인 여성들, 그중에서도 디지털 쪽 사업에서 큰 성공을 거둔 셰릴 샌드버그도 '힘든 시기일수록 일과 개인적인 삶을 잘 병행해야 한다'고 말합니다. 그녀는 나의 롤 모델이었고, 저는 그녀의 조언 덕분에 큰 힘을 얻을 수 있었습니다.

여성들이 자신의 일을 더 잘하기 위해서는 주어진 현실을 있는 그대로 받아들이고 자신만의 원칙을 세워야 한다고 생각합니다. 이는 기업가들도 마찬가지입니다. 모든 것을 다 얻을 수는 없기 때문에 할 수 있는 것과 없는 것을 구분하고, 그 원칙에 따라서 지킬 것은 반드시 지켜야 한다는 것입니다. 저 역시 일을 열심히 하지만 아이들과 함께 여행도 많이 합니다. 특히 아이들이 잠자기 전의 시간은 반드시 함께 보내야 한다고 생각하고 이 원칙을 지키고 있습니다. 이런 원칙은 어떤 희생을 치르더라도 어기지 않습니다. 여성들은 자신의 인생에서 자신들이 보스임을 잊어서는 안 됩니다. 이러한 몇 가지의 원칙만 있더라도 여성들이 훨씬 더 유연하게 자신의 일을 해나갈 수 있으리라 봅니다.

191

여성의 출산과 업무 복귀

Q 출산을 한 뒤에 빨리 복귀를 하는 경우도 있고 그렇지 않은 경우도 있습니다. 이 부분에 대해서는 논란이 많기도 합니다. 자녀 양육에 좋지 않은 영향도 미칠 수 있기 때문이죠. 물론 개인의 결정일 수도 있지만요. 자녀의 출산과 업무 복귀 시기에 대해 어떻게 생각하시는지요.

A 미셸 몬 저는 셋째를 낳을 때 무려 48만 파운드(한화 약 8억 5000만 원)의 부채가 있었습니다. 그래서 어쩔 수 없이 일을 해야 했습니다. 출산을 하고 48시간 만에 업무에 복귀했으니까요. 그때는 그럴 수밖에 없었죠. 만약 그 단계에서 제가 사업을 론칭하지 못했다면 집까지 날릴 수 있는 그런 처지였습니다. 하지만 제가 그토록 빨리 일을 하기 시작한 것에 대해서는 후회하지 않습니다. 물론 아이들과 더 많은 시간을 갖는 좋은 엄마가 되면 좋겠지만, 지금의 세 명의 자녀를 봤을 때 지나간 과거에 대해서는 후회할 필요가 없다고 생각합니다. 또한 이렇게 성공하기 위해서는 멘토링과 코칭도 매우 중요하다고 생각합니다. 아까 말씀 드렸다시피 울티모의 80%를 매각을 했음에도 불구하고 저는 여전히 105명의 여성을 멘토링 하고 있습니다. 이는 여성에게는 여전히 많은 조언들이 필요하다는 이야기이기도 합니다.

출산 후 지나치게
빠른 업무 복귀는
문제가 있지 않습니까?

개인의 상황에 따라
다르다고 봅니다

여성의 성공과 스폰서십 ▨▨▨▨

성공적인 멘토링과
스폰서십에는 무엇이
포함되어야 합니까?

Q 오늘날 대부분의 여성들은 멘토링을 받지 못하면서 성장해온 것이 사실입니다. 멘토링이란 것은 일방적인 것이 아니고 쌍방향이어야하지 않을까요? 성공적인 멘토링에는 어떤 것이 포함되어야 할까요? 또한 '스폰서'라는 것에 대해서도 질문을 드립니다. 여성들은 '대부분의 스폰서는 남자다'라는 말도 합니다. GE에서는 여성들도 충분히 남성들만큼이나 스폰서십을 받을 수 있도록 노력한 것으로 알고 있습니다.

일에 대한 역량을
꿰뚫어 볼 수
있어야 합니다

A 진 라이던 로저스 네, 그렇습니다. 사실 저도 처음 GE에서 일하기 시작했을 때 그렇게 멘토링이 많지 않았습니다. 2007년도가 되어서야 앞서 말씀 드렸던 여성 네트워크를 통해서 롤모델을 만나고 멘토의 도움을 받을 수 있었습니다. 그 전에는 아주 달랐습니다. 그런데 멘토와 스폰서는 굉장히 다릅니다. 멘토는 내가 가지고 있는 커리어와 그것들의 옵션들에 대해서, 내가 고민하고 있는 것에 대해서 얘기를 나눌 수 있는 분이지만, 스폰서는 내가 일하는 것, 또 나의 역량에 대해 제대로 알고 있는 분들입니다. 여러분에게 배팅을 할 수 있을 만한 분이 바로 스폰서인 셈이죠. 이 두 가지를 잘 구분하는 것도 중요합니다. 여성의 삶에서는 멘토링도 물론 중요하지만 그에 걸맞는 스폰서도 아주 중요하기 때문입니다.

이러한 스폰서십은 무엇보다 투자와 관련이 되어 있다고 생각합니다. 제가 여러 사업에 투자를 하고 있고, 특히 여성 창업자들에게도 투자를 하고 있기 때문에 저는 이분들의 성공을 원합니다.

그래서 직접 멘토링도 하고 스폰서가 되고 있습니다. 왜냐하면 그분의 성공이 곧 저의 성공이기 때문이죠. 그런데 여성들이 당면하는 구조적인 문제들이 있습니다. 영국에서 벤처캐피털리스트들은 모두 예외 없이 남성입니다. 한두 명 정도가 여성 벤처 투자자들입니다. 식당에서 저녁 식사를 하면서 남성에게 '우리 회사에 투자해 달라'고 말을 해야 하는 경우도 많은데, 이럴 경우 남녀가 데이트를 하는 식당에서 투자를 이야기하기란 쉽지가 않습니다. 실제로 여성들은 이러한 과정을 굉장히 어려워합니다. 돈은 필요한데 이렇게 투자를 유치하는 과정에서 어려움을 겪는 것입니다. 그렇기 때문에 저는 더 많은 여성 투자자들이 나섰으면 좋겠다는 생각을 합니다.

여성의 사회 진출, 창업과 취업

Q 회사에 들어가는 것보다는 차라리 창업하는 것이 더 편하지 않을까요? 왜냐하면 여러 국가에서 여성의 창업을 활성화하려는 움직임도 있고, 기존의 기업 문화가 여성들에게 한계를 준다는 점에서는 차라리 창업이 더 나을 것이라는 생각도 듭니다.

여성에게는 차라리 창업이 낫지 않을까요?

A **미셸 몬** 글쎄요. 저는 개인마다 다르다고 생각합니다. 예를 들어 저희 어머니에게 개인 사업을 하라고 한다면 정말 무서워할 것입니다. 위험 감수(Risk Taking)를 정말 못하기 때문입니다. 신용카드를 쓰는 것도 무서워하는 분이죠. 따라서 내가 내 삶에서

모든 것은 본인에게 달려 있습니다

194

뭘 달성하고 싶으냐에 따라서 다르다고 생각합니다. 이런 것은 개인적으로 모두 다 다른 문제입니다. 따라서 창업이든 회사에 들어가는 것이든 여성들은 자신들이 원하는 것을 분명히 알아야 목표를 달성할 수 있습니다. 본인이 목표를 어떻게 잡고 마음을 어떻게 먹느냐에 따라 달라진다는 이야기입니다. 저는 일단 본인의 의지가 제일 중요하다고 봅니다.

또한 무슨 일을 하든 적어도 하루에 한 시간 정도는 자신에게 투자할 수 있을 만한 여유가 있어야 합니다. 그 시간은 온전히 자신만의 시간이죠. 현대인들은 모든 것이 혼란스럽습니다. 사업을 운영하는 것도, 아이를 키우는 것도 너무나 정신이 없는 일들이죠. 그 안에서 나의 건강을 위해, 스트레스 관리를 위해 하루에 한 시간을 빼는 것은 정말 중요합니다. 저 역시 이러한 시간을 통해 인생이 바뀌었습니다. 이것은 나 자신만을 위한 것이 아니라 타인을 위한 것이기도 합니다. 일반적으로 비행기를 타면, 스튜어디스들이 위기 상황에서 어떻게 산소마스크를 쓰는지 알려줍니다. 그런데 그때 본인부터 산소마스크를 제대로 쓴 후에 다른 사람을 도와주라고 말합니다. 정말 맞는 말입니다. 내가 나를 잘 돌봐야 남들도 돌볼 수 있습니다. 제가 105명의 여성들을 멘토링하고 있는데, 그들의 이슈는 모두 다 나름 심각합니다. 하지만 그 이슈가 풀려야만 아이들도 더 잘 키울 수 있고 주변 관리도 잘할 수 있습니다. 그리고 의지가 있다면 반드시 원하는 목표까지 올라갈 수 있습니다. 보통 사람들은 여러 가지 이유를 대면서 자신의 삶은 성공적이지 못하다고 말합니다. 하지만 저는 그렇게 생각하지 않습니다. 모든 것은 본인에게 달려 있습니다.

여성의 자기 희생과 사회적 성공 ▬▬▬

Q '나만을 위한 한 시간 갖기'는 나쁘지 않겠지만 약간의 죄책감을 유발할 수도 있을 것 같습니다. 여러분들 모두 희생을 많이 했을 것입니다. 때로는 과도한 추진력으로 일을 많이 해야 하는데, 어떻게 보면 여성으로서 성공하기 위해서는 남성들보다 추가적으로 더 많은 일을 해야 됩니다. 그래서 남자보다 여성 리더들이 더욱 자신을 도와줄 '부인(wife)'이 필요하다는 생각을 종종하기도 합니다. 여러분들은 어떤 희생이 있었습니까?

커리어를
쌓는 과정에서
어떤 희생이 있었습니까?

A **진 라이던 로저스** 여성들은, 정말이지 모든 것을 동시에 이뤄야 하기 때문에 너무도 힘이 듭니다. 저 역시 저의 캐리어를 개발하는 데 있어서 상당한 죄책감이 있었습니다. 직장에 있을 때는 아이들에게 미안하고, 또 집에 가면 회사 동료들한테 미안한 감정을 느끼기도 했습니다. 다행히 남편이 전업주부로서 집에 있겠다고 했을 때, 그때까지의 죄의식과 무게감을 완전히 털어버릴 수 있었습니다. 남편이 아이들을 잘 본다는 것을 알기 때문에 직장에서 편안하게 일하고 계속 승진할 수 있었던 것 같습니다.

아이와
동료들에 대한
미안함이 있었습니다.

데비 워스코 저는 전혀 죄책감을 느끼지 않았습니다. 저는 한 번도 그런 적이 없습니다. 그 이유는 제가 성공적인 사업을 하는 것이 결국 제 아이들의 미래를 만들기 위해서였기 때문입니다. 또한 저는 원래 제 성향이 일을 할 수밖에 없다는 사실을 잘 알고 있습니다. 사실 저는 아침, 저녁으로만 아이를 보면 충분하다고 생각합니다. 만약 제가 전업주부로 아이들을 돌봤다면 정말 끔찍

196

한 엄마가 됐을 것 같습니다. 저는 '파운더스 포 스쿨스(Founders for Schools)'라는 자선단체에서 일하고 있습니다. 저는 여러 학교에서 여학생들을 만나 창업에 대해서 조언을 합니다. 저는 학생들에게 '뻔뻔해져야 성공할 수 있다'고 말합니다. 저를 정말 못된 여자로 보실 수도 있겠지만, 사실은 죄책감을 느낄 만한 그런 시간조차도 허락되지 않았습니다. 물론 본인을 위해서도 시간을 보내고 또 가족을 위해서도 시간을 보내야 됩니다. 하지만 나름대로 이 세상과 사회에 기여하는, 의미 있는 일을 열심히 하고 있을 때 그것에 대해서 죄책감을 느낄 필요는 없을 것 같습니다.

여성의 삶과 일에 대한 조언

여성들에게
어떤 조언을
하고 싶습니까?

"일찍 일어나라,
그리고 땀을
흘려야 한다"

Q 여기 계신 분들은 젊은 여성들과 대화를 많이 하는 것으로 알고 있습니다. 그녀들이 조언을 구할 때 무엇을 강조하시는지 알고 싶습니다. 핵심 메시지를 이 자리에서 공유하시겠습니까?

A 데비 워스코 저는 처음 사회에 진출한 사람들한테는 '일찍 일어나라'고 말합니다. 저는 매일 다섯 시에 일어납니다. 그래야 하루에 필요한 것들을 다 준비할 수 있습니다. 그 다음에 '땀을 매일 흘려라'라고 조언합니다. 저는 운동을 통해 체력 단련을 하고 또한 자기 전에는 다음 날 할 일에 대한 리스트를 만들어서 하나하나 체크합니다. 이러한 것들이 사소한 것 같지만 나중에는 큰 결과를 가져옵니다. 매일 아침에 일어나는 순간부터 굉장히 열심히

197

일하고 또 땀을 흘리고, 또 뻔뻔하게 자신의 목표를 달성하기 위해서 열심히 일해야 한다고 생각합니다. 이때 잊지 말아야 할 것이 있는데 바로 '중간 점검'입니다. 6개월 뒤에 내가 얼마만큼 잘했는지 못했는지에 대한 점검을 해야 합니다. 그리고 다시 6개월의 준비가 있어야 합니다. 만약 지난 6개월에 올바른 결과를 내지 못했을 때, 저는 제 자신에 대해서 신랄하게 비판을 합니다. 이런 식으로 이야기하니까 혹시 저를 '미친 사람'으로 오해할 수도 있을 것 같습니다. 하지만 스스로에게 엄격한 규율을 적용시킬 필요가 있습니다. 그래야 하루하루 시간을 놓치지 않고 성공할 수 있습니다.

진 라이던 로저스 저도 데비 씨가 말씀하신 내용 중에서 동의하는 내용들이 있습니다. 엄격하게 스스로에게 잣대를 적용시키는 것, 그리고 절대 느슨하게 가지 않는 것은 저도 중요하게 생각합니다. 하지만 좋은 사람들과 함께하는 것도 매우 중요하다고 생각합니다. 직장에서도 그렇고 가정에서도 마찬가지입니다. 제가 젊은 여성들에게 조언하는 내용 중 하나는 '모든 것을 다 당신이 알 수는 없다'는 것입니다. 그러니까 '당신보다 더 잘 아는 사람들에게 조언을 받고 그럴 수 있도록 주변에 좋은 사람들을 언제나 갖추고 있어라', '협업과 팀을 통해서 성공을 달성하라'고 이야기합니다. 왜냐하면 내가 모든 것을 다 할 수 있다고 생각하고 또 그것을 다 하려고 하면 권한을 위임하지 못하고 문제가 생길 수밖에 없기 때문입니다. 앞으로 일어날 몇 주, 몇 개월 단위의 계획을 세우는 것도 중요하지만, 동시에 최고의 사람들을 고용해서 그들이 문제를 해결할 수 있도록 하고 협업을 통해 솔루션을 찾아내야만 합니다.

미셸 몬 저는 매일 자면서 중간에 깨는 경우가 많습니다. 세 번 정도를 깨고 평균 네 시간 반 밖에 잠을 자지 못합니다. 그런데 이런 시간에 계속 뭔가를 계획합니다. 언제나 자신의 계획을 모두 알고 있어야 하고 순발력 있게 변경할 수 있는 능력도 갖춰야 한다고 생각합니다. 더불어 주변에 좋은 사람을 가까이하는 것을 잊어서는 안 됩니다. 자신이 제대로 대우받기 위해서는 다른 사람을 제대로 대우해 주어야 합니다. 일을 하는 것은 남자든 여자든 다 힘든 것입니다. 이 과정에서 누군가를 미워하면 그것이 더욱 일을 힘들게 만든다고 봅니다. 언제나 좀 더 나은 변화를 위해 노력해야 한다고 생각합니다.

남녀의 균형적인 역할 배분 ▬▬▬▬▬▬▬▬

조직에서 남녀의
역할은 어떻게
구분되어야 합니까?

Q 일을 하는 데 있어서는 여성들의 이야기만 해서는 안 될 것 같습니다. 남성에 대해서도 당연히 이야기를 해야죠. 특히 통계 수치들을 보면 뭔가 변화를 추진할 수 있는 만한 자리는 상당수 남성들이 앉아 있습니다. 우리의 이러한 논의에 남자들은 어떻게 관여되고 있을까요? 그저 각자의 역할을 세팅하는 것으로 끝나는 일일까요? 남성들이 많은 조직에서 일을 했던 진 라이던-로저스 대표님이 말씀을 해주실 수 있을 것 같습니다.

이제 남성들도
여성에게 많은 기회를
주려고 합니다

A 진 라이던 로저스 최근에는 많은 부분들이 달라진 것 같습니다. 특히 남성들 역시 딸을 키우면서 여성들에게 더 많은 기회를

제공해야 한다는 필요성에 대해서는 인식을 하고 있는 것 같습니다. 현재 미국에서 방송되고 있는 광고가 갑자기 생각이 납니다. 작은 여자아이가 GE의 기술, 혁신, 이런 것들에 대해서 살펴보고 있습니다. 그런데 광고 맨 끝에 그 어린 여자아이가 '우리 엄마는 GE에서 일해요'라고 말하면서 끝납니다. 이 광고를 상당히 인상 깊게 봤습니다. GE 하면 대개 남성 중심적인 조직으로 보고 있기 때문에 이 광고는 많은 사람들에게 여성과 여성 리더십에 대해서 전달할 수 있는 탁월한 광고였던 것 같습니다. 이 광고를 보는 아이들이 '아, 얘네 엄마는 GE에서 일하는구나. 나도 일할 수 있겠다'라고 생각할 수 있습니다.

여성의 제한된 기회와 극복 방안

Q 저는 여성들과 굉장히 많은 대화를 나눕니다. 어떻게 여성 참여를 높일 수 있는지에 대해서 이야기를 많이 합니다. 그중에서 중요한 것은 '여성 쿼터제'에 대한 것입니다. 남성에 대한 역차별이 될 수도 있을 것 같습니다. 여성들의 자신감을 위해서 여성과 관련된 프로그램을 도입하게 되면 남성들의 입장에서는 '왜 남성

여성 쿼터제에 대해서 어떻게 생각합니까?

200

에 대한 프로그램은 없냐'라고 물어볼 수 있습니다. 저는 그런 차원에서는 반대합니다. '남자 다섯 명을 뽑으면 꼭 여자도 다섯 명을 뽑아야 한다'라는 부분은 조금 모순이 아닌가 생각됩니다. 기업이나 국가적인 차원에서도 이런 것과 관련된 의견들이 있을 것 같습니다. 어떻게 생각하십니까?

쿼터제가 없으면 여성에게는 아예 기회가 없을 수도 있습니다

A 데비 워스코 미국 국방과 관련해 말씀 드리겠습니다. 몇 년 전에야 처음으로 미국에서 여성 4성 장군이 탄생했습니다. 당시에 많은 언론과 사람들이 '유리 천장이 깨졌다'는 말을 많이 했습니다. 제가 직접 당사자와 이야기를 나눠보기도 했습니다. 그녀는 저에게 "나의 역량, 스킬, 그리고 노력이 결실을 본 것 같습니다. 지금까지 그 누구보다 열심히 했기 때문에 진급이 된 것 같습니다."라고 말했습니다. 그 이후에도 또 미국 공군에서 두 명, 해군에서도 한 명을 4성 장군으로 진급시켰습니다. 이것만 보더라도 많은 발전이 일어난 것 같습니다. 하지만 우리가 이것을 볼 때 '쿼터제'로 볼 필요는 없을 것 같습니다. 오히려 여성이 열심히 책임감을 가지고 한 결과라는 렌즈로 봐야할 것 같습니다. 물론 여성들의 입장에서도 자신이 쿼터제의 혜택을 보고 싶지는 않을 것입니다. 하지만 저는 약간 의견이 다릅니다. 쿼터제가 없으면 여성에게는 아예 기회가 돌아가지 않을 가능성도 있기 때문입니다. 저는 누군가를 선택할 때 최고의 남성, 최고의 여성 모두의 후보를 보고 싶습니다. 만약 의무화되어 있는 쿼터제가 없다면 여성은 아예 그 안에 낄 수 없을 수 있습니다. 저희 회사인 러브홈스와프 직원들 중 70%가 여성들입니다. 그러다 보니 어느 정도는 여성적인 접근 방식이 필요하고, 우리 기업의 운영에 있어서도 여성들을 위한 접근 방식이 굉장히 중요합니다.

『적을 만들지 않는 대화법』 저자_샘 혼

여성 리더들의 대화법, 질문하고
사례를 들고 감정이입을 유도하라

혹시 「스타워즈」란 영화를 기억하십니까? 귀 쪽에 돌돌 말은 머리 스타일을 한 레아 공주는 영화에서 이런 말을 했습니다.

"인생에서는 짧은 희열을 얻는 데도 많은 시간을 들여야 한다."

저 역시 그 말에 동의합니다. 말로 상대를 제어하고 커뮤니케이션의 즐거움을 느끼기 위해서도 많은 시간을 들여 노력해야 하는 것이 사실입니다.

이제 저는 어떻게 '텅푸Tongue-Fu'라는 말로 비유되는 『적을 만들지 않는 대화법』을 쓰게 됐는지 말씀드리려고 합니다. 이 책을 내고 나서 얼마 지나지 않아 미디어 투어를 가게 됐습니다. 다음날 아침에 텔레비전 인터뷰를 해야 하기 때문에 저는 투어 중간 중간 책 속에 제가 썼던 말들을 다시 한 번 확인하면서 인터뷰를 준비했습니다. 마침 가방에서 제 책을 꺼내고 있는데, 복도를 사이에 두고 제 옆쪽에 앉아 있던 여자 분이 책을 보면서 말했습니다.

"그 책 참 흥미로워 보이네요. 무슨 책이에요?"

그래서 저는 대답했습니다.

"까다로운 사람들을 대하면서 어떻게 스스로 까다로운 사람이 되지 않을 수 있는지, 그리고 까다로운 사람들을 다룰 수 있는지, 그 방법에 관한 책입니다."

그녀는 "이 비행기를 타기 전에 이 책을 읽었어야 했다."면서 "정말 말도 안 되는 사람이랑 앉아서 가게 됐는데, 이 책이 있었다면 이 책으로 그 사람을 한 대 쳤을 것이다."라고 얘기를 했습니다.

알고 계시겠지만 '텅푸'라는 것은 무술에 관한 책이 아닙니다. 우리가 제대로 된 우리의 자리를 찾고, 다른 사람들에게는 호의를 베풀기 위한 조언입니다. 또한 우리가 매일 겪는 매우 힘든 상황들을 어떻게 현명하게 다룰 수 있는지를 알려주는, 현명한 대화법에 대한 것입니다.

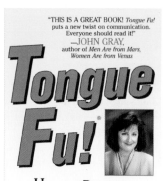

제가 갔던 한 강연에서 있었던 일입니다. 남자 한 분이 쉬는 시간에도 자리를 뜨지 않고 계속 허공만 바라보고 있었습니다. 그래서 궁금해서 그 사람에게 다가가서 물었습니다. 그랬더니 그가 이렇게 대답했습니다.

"샘, 저는 예전에도 당신의 강연을 들은 적이 있습니다. 저는 부동산업자인데, 이 강연이 저에게 필요하다고 생각해서 이 자리에 왔습니다. 저는 항상 오만하고 까다로운 사람들을 만나게 돼요. 항상 자기 멋대로 구는 사람들을 상대로 일을 하게 되거든요. 그래서 뭔가 그 사람들에게 적절하게 되받아치고 반격할 수 있는 방법에 관한 조언을 들을 줄 알았는데 그런 이야기는 안 하시네요."

그래서 저는 "이 강의는 그런 이야기를 하기 위한 것이 아니다."라고 말씀드렸죠. 그랬더니 그 분은 자신이 가라테, 유도, 태권도를 다 배웠다면서 저의 이야기가 마치 '쿵푸를 혀로 푸는 것 같다'라고 말했습니다.

그 사람의 말처럼 저의 이야기는 혀를 이용한 쿵푸, 바로 '텅푸'라고 할 수 있습니다. 스스로 까다로운 사람이 되지 않으면서도 까다로운 사람을 상대하는 말로 하는 무술이 바로 텅푸입니다.

이야기하지 말고
질문하라

제프 베조스의 아마존닷컴은 저의 책에 대한 서평에 이런 표현을 넣었습니다.

"가장 큰 위험은 진화하지 않는 것이다."

저는 사실 이 책을 15년 전에 썼습니다. 하지만 처음 나온 뒤로도 이 책은 계속 진화해 왔습니다. 이 책은 우리의 삶을

205

바꿔놓는 새로운 힘에 관한 것이고, 이 텅푸라는 것은 영구히 우리가 유용하게 활용할 수 있는 재료라고 생각합니다. 너무나 바쁘고 인내심 없는 사회 속에서 사람들의 신뢰를 어떻게 얻을 것인가, 사람들에게 존경심과 존중을 제공하면서 우리도 존중을 받는 방법이 무엇일까를 연구한 결과이기도 합니다.

평화와 화합을 국제적 차원에서 이루기 위해서는 개인의 삶 속에서도 평화와 화합을 이뤄내야만 합니다. 직원들과의 평화와 화합, 그리고 고객들과의 제대로 된 소통에도 이 평화와 화합이 필요합니다. 가정에서도 마찬가지입니다. 분쟁을 협력으로 바꾸는 이러한 외교적 기술을 우리의 삶에도 적용을 시켜야 합니다. 이제 그 구체적인 방법을 말해 보겠습니다.

첫째, '이야기하지 말고 질문하라'는 것입니다. 저는 스타트업 벤처기업들이 투자를 받기 위한 플랫폼인 '스프링보드 엔터프라이즈'의 피칭 코치를 맡고 있습니다. 지금까지 여성 기업가들이 66억 달러(한화 약 7조6천6백억 원)의 펀딩을 받을 수 있도록 다양한 코칭을 제공했습니다. 여러분이 무엇인가를 승인받고 싶고, 펀딩을 받고 싶은 프로젝트가 있다면 이렇게 '이야기하지 말고 질문하는 방법'을 활용하시기를 바랍니다.

실제 이런 사례가 있었습니다. 투자를 받기 위해 준비 중이던 사업가 한 분이 제게 와서 이렇게 이야기했습니다.

"좋은 소식이 있고 나쁜 소식이 있습니다."

그래서 저는 좋은 소식부터 말씀해 달라고 했습니다. 그는 이렇게 말했습니다.

"우리는 10분이 아니라 단 60초 안에도
사람들의 관심을 끌 수 있습니다.
자신의 말이 사람들의 관심을 받고 있는지 알고 싶다면
상대방의 눈썹을 살펴보세요."

"제가 투자자들이 가득한 현장에서 저의 사업 아이디어와 제품을 소개할 기회를 얻게 되었습니다. 그런데 나쁜 소식은 제 발표는 오후 5시 반에 시작을 하는데, 시간이 단 10분밖에 주어지지 않았다는 겁니다. 고작 10분이요."

하지만 이 사람의 생각은 잘못됐습니다. 우리는 10분이 아니라 단 60초 안에도 사람들의 관심을 끌 수 있기 때문입니다. 우선 아주 짧은 시간 안에 자신의 말이 사람들의 관심을 받고 있는지, 혹은 존중을 받고 있는지를 알 수 있는 방법이 있습니다.

핵심은 바로 상대방의 눈썹입니다. 누구나 혼란에 빠진 사람들은 눈썹을 찡그리게 되고 그러한 상태에서는 '예스'라고 말하지 못합니다. 만약 눈썹이 움직이지 않고 수평인 그대로 라면 그 분들이 감동을 받지 못했거나, 그게 아니라면 보톡스를 맞았다는 뜻일 겁니다. 만약 상대방이 호기심이 있다면 눈썹이 올라가게 됩니다. 더 많은 것을 알고 싶어 한다는 뜻입니다. 또한 더 이상 인내심 테스트를 받거나 무관심해지는 것이 아니라 더 많은 것을 듣고 싶다는 표시이기도 합니다.

그럼 어떻게 60초 안에 관심을 끌어낼 수 있을까요? 많은 경영자들, 특히 기술을 다루는 회사일수록 빠른 시간 내에 상대의 관심을 끌어내는 기술을 어려워합니다. 기술을 설명하기 위해서는 뭔가 복잡하고 다양한 배경지식을 설명해야 한다고 생각하기 때문입니다. 그때 저와 대화를 했던 분도 마찬가지였습니다. 그래서 제가 어떤 회사인지 물어보았더니 '의약품

208

성분의 효과적 피하 전달 제어를 위한 플랫폼을 제공하는 회사'라고 말했습니다. 이런 말로는 60초 이내에 상대방의 관심을 끌기는 힘들 것입니다. 하지만 결국 그 분은 저의 코칭을 받은 후 수백만 달러 규모의 펀딩을 받을 수 있게 됐습니다. 뿐만 아니라 '2010년 가장 잠재력 있는 사회적 기업가'로 선정되기도 했습니다. 이 회사는 바로 주사바늘 없이 주사를 놓는 기술을 개발한 회사 파마젯Pharmajet입니다.

이 분이 사용했던 방법이 바로 '이야기하지 말고 질문하기'였습니다. 만약 당신이 아주 적은 비용으로, 고통 없이 접종이 가능한 1회용 주사바늘을 만들었다면 어떨까요? 이 프로젝트의 투자 승인을 받으려면, 그래서 어떤 전략적 파트너 혹은 잠재적 투자자에게 가서 이야기를 해야 하는 상황이라면 어떻게 해야 할까요? 여러분이 가진 주제를 호소력 있게 제시하기 위해서는 먼저 "알고 계십니까?"라고 물어야 합니다.

"매년 18억 회의 백신이 접종되고 있다는 것을 여러분은 알고 계십니까?"

"그리고 그중의 절반은 재사용 주사바늘로 다시 활용되고 있다는 것을 알고 계십니까?"

"우리가 예방하려고 하는 바로 그 똑같은 질병이 주사바늘 재사용 때문에 오히려 더 확산되고 있다는 사실을 알고 계십니까?"

의사결정권자들에게 이렇게 '알고 계십니까?'라는 질문하기 위해서는 문제의 범위, 마켓의 규모, 그리고 소비자 니즈의

209

"특정한 사례를 들면 감정이입이 시작됩니다.
여러분들의 아이디어와 프로젝트로
관심을 끌고 싶다면 설명을 하지 마십시오.
대신 한 사람의 사례를 들어 보십시오."

변화를 염두에 두어야 합니다. 가능한 통계자료와 설명, 눈이 휘둥그레질 만한 사례를 가지고 '알고 계십니까?'라고 물으면 20초 안에 그들은 "그래요? 몰랐습니다."라고 말할 것입니다. 또한 그들은 눈썹을 치켜 올리며 "정말요?" 하고 호기심을 보일 것입니다.

이렇게 해서 일단 호기심을 끌어냈다면 그 다음에는 "상상해 보십시오Imagine."라는 말을 사용해야 합니다.

이 단어는 자신들이 가지고 있던 편견이나 선입견, 자신만의 지식에서 벗어나 여러분에게 집중하도록 만들어 줍니다. 여러분이 무슨 이야기를 하는지에 대해 주목하게 되는 것이죠.

'상상해 보라'고 말할 때는 여러분은 세 가지 측면에 집중해야 합니다. 문제에 대한 당신의 해법, 그 니즈를 충족시키는 당신의 프로그램, 그리고 그 이슈에 대한 당신의 적확한 대답입니다.

파마젯의 이야기를 다시 떠올려 보겠습니다. 어떻게 투자자들의 관심을 끌었을까요. 우선 "백신 접종 주사를 맞는 것은 굉장히 고통스러운 일이지만 이것을 아무런 고통 없이 주사를 맞을 수 있게 해주는 해법이 있다."고 말했습니다. 또 "주사바늘의 재사용으로 인한 감염 문제가 심각한데 우리는 바늘을 사용하지 않는 프로그램을 갖고 있다."고 말했습니다. 마지막으로 모든 의사결정권자들은 돈에 가장 관심이 많기 때문에 "지금 지출되고 있는 비용의 아주 적은 비용만 사용하면 된다."고 말했습니다. 우리는 이 사람들에게 "상상을 해보라."고

211

말했지만, 실은 상상할 필요도 없이 그들이 주목해야 하는 내용을 바로 눈앞에 보여주고 이야기하면서 관심을 끌 수 있습니다.

사례와 그것이 만드는
감정이입의 힘

여러분들이 가진 프로젝트를 설득력 있게 제시해야 한다면 사례를 들어가면서 설명해야 합니다. 이것이 두 번째 팁입니다. 사람들이 혼란스러워하거나 잘 이해를 못합니까? 그것은 바로 우리가 갖고 있는 아이디어와 프로젝트를 '설명'하려 하기 때문에 혼란스러워 하는 것입니다. 이제부터는 설명 대신에 사례를 들어보십시오. "내가 이런 얘기를 하려고 하는데 사례가 이렇습니다."라고 이야기하십시오.

취업 면접을 볼 때도 마찬가지입니다. 아주 구체적인 사례를 들어야 면접관의 기억에 남을 수 있습니다. 한번은 한 청년이 유엔 평화유지군에 지원하는데 꼭 합격하고 싶다면서 저를 찾아왔습니다. 자격 요건을 보니까 '다양한 인종과 함께 일한 경험이 있는 사람을 우대한다'는 말이 있었죠. 이 청년은 '고교 때 라크로스(라켓을 이용하는 하키와 비슷한 운동 경기)팀을 만들 때 백인밖에 없었는데 미식축구팀과 럭비팀에 있는 다른 인종 친구들을 설득해서 함께 팀을 만들었다'고 자신의 경험을 말했어요. 결과는 합격이었습니다.

이렇게 구체적인 사례를 말할 때에는 반드시 기억할 단어가 있습니다. 그것은 바로 '예를 들면For Example'입니다. 추상적인 설명은 흥미를 이끌어 내지 못합니다. 실생활에서 보고 만질 수 있는 사례를 들어야 사람들이 공감하기 때문이죠. '그래? 예를 들면?'이라는 것에 대답을 해주어야 상대는 반응을 하게 되어 있습니다.

브레네 브라운Brene Brown이라는 휴스턴대 교수는 몇 해 전까지만 해도 127만 명이나 되는 미국 교수 중 한 명에 불과했습니다. 지금은 베스트셀러 작가이자 테드TED 강연 최고 강사가 됐죠. 한번은 청중이 과학자들이었는데, 그는 그날 강연을 이렇게 시작했습니다. "부모가 되고 나니 아이들이 잠자는 모습을 보고도 눈물이 날 때가 있어요."라고. 청중 모두가 부모였기에 귀를 쫑긋 세울 수밖에 없었습니다.

또 이런 이야기도 있습니다. 하와이 해변에서 800마일 떨어진 곳에 있는 유조선에서 화재가 발생했습니다. 그 근처를 지나가던 크루즈선이 유조선에 탑승해 있던 8명을 구조했습니다. 유조선 선장이 굉장히 고마워하면서 배에 미처 구조되지 못한 애완견에 관해 얘기했습니다. 그런데 그 인터뷰가 보도되면서 전 세계의 사람들이 5~10달러씩 기부를 하게 됐습니다. 애완견을 구해야 한다는 여론이 높아지면서 미 해군은 배 안에 남아 있는 생명체를 찾기 위해 수만 마일의 바다를 탐사했습니다. 결국 250만 달러라는 비용을 들여 결국 그 애완

견은 하와이로 구출될 수 있었습니다.

왜 전 세계의 사람들은 개 한 마리를 구하기 위해서 움직였을까요? 우리가 사는 마을과 지역에도 굶어 죽어가는 사람들이 많이 있는데, 왜 이 개 한 마리의 생명이 그렇게 중요해진 것일까요? 이것은 바로 감정이입이 되었기 때문입니다.

특정한 사례를 들면 감정이입이 시작됩니다. 여러분들의 아이디어와 프로젝트로 관심을 끌고 싶다면 설명을 하지 마십시오. 대신 한 사람의 사례를 들어보십시오. 어떤 사람이 겪고 있는 문제를 제시하고 여러분의 아이디어와 프로젝트 때문에 도움을 받아 인생이 바뀐 사례를 말씀하십시오.

한 사람이 겪었던 역경과 어려움, 그리고 여러분의 아이디어와 제품 덕분에 누군가 도움을 받았다는 사실은 보다 큰 감정이입을 이끌어 낼 수 있습니다.

세 번째 팁은 사람들이 관심이 없을 때 어떻게 해야 하느냐는 것입니다. 중요한 것은 우리가 아이디어를 팔려고 하기 때문에 관심이 없어지는 것입니다. 누군가가 자신에게 뭔가를 팔려고 하는 행위를 좋아하는 사람은 그리 많지 않습니다. 따라서 아이디어를 팔지 말고 대신 아이디어를 보여줄 필요가 있습니다. 저는 도슨탱크라는 스타트업 액셀러레이터의 심사위원으로 참여하고 있습니다. 그곳에서 제가 하는 일은 비즈니스 플랜을 보고 그것을 심사하는 일입니다. 한번은 이런 일이 있었습니다. 자동차 내부에 핸드백을 걸 수 있는 고리를 만들어 판매하려는 창업자가 있었습니다. 그런데 이 프로젝트를 보여주는 방식이 탁월했습니다. 한 여성이 자동차 카시트를 직접 들고 와서 무대에 올려놓았습니다. 그녀는 허공에서 운전을 하며 핸드백을 옆에 놓아두었습니다. 그리고서 이야기를 시작했습니다.

"운전하다가 갑자기 급브레이크를 잡아본 적이 있으십니까? 급제동 때문에 핸드백이 의자 밑으로 떨어지고, 한 손으로 운전을 하면서 차 바닥에 떨어진 핸드백을 줍느라 고생했던 기억이 있습니까? 그런데 그런 걱정을 다시는 안 해도 됩니다. 바로 핸드백을 걸 수 있는 우리 제품이 있기 때문입니다."

그것을 보던 어떤 남자가 말했습니다.

"두 개 사겠습니다. 아내에게 줄 것 하나, 딸에게 줄 것 하나 사겠습니다."

이 모든 것은 단 30초 안에 일어난 일입니다.

왜 이렇게 모든 것이 빨라졌을까요? 그것은 설명하지 않고 보여주었기 때문입니다. 기술적인 것을 설명하면 사람들은 이해를 못하고 관심도 없을 것입니다. 하지만 상황을 직접 보여주면 사람들은 자발적으로 말하고 생각합니다.

"아, 나도 그랬는데, 나도 그런 일이 있었는데. 그런 일이 다시 안 생기면 좋을 텐데."

"이걸 정말 사고 싶다."

바로 이것이 팔지 말고 보여주는 것이 가지는 힘입니다.

마지막으로 시간에 관한 신뢰를 보여주어야 한다는 것입니다. 리처드 브랜슨은 '시간이 새로운 돈이다'라는 말을 한 적이 있습니다. 저는 이 말을 비틀어 '시간은 새로운 신뢰다'라고 생각합니다. 하버드대 비즈니스의 연구원인 낸시 앨런은 '금붕어가 사람보다 집중하는 시간이 길다'는 사실을 밝혀냈습니다. 인간은 8초, 금붕어는 9초입니다. 구글에 의하면 어떤 웹사이트가 접속되는 데 4초 이상 걸리면 사람들은 이미 다른 웹사이트로 떠나버린다는 사실도 밝혀졌습니다.

지금 시대는 정보가 넘쳐나는 시대입니다. 인내심이 줄어들고 있습니다. 따라서 더 많은 정보를 원하는 사람은 아무도 없습니다. 우리가 필요로 하는 정보는 언제든지 온라인에서 찾을 수가 있기 때문입니다. 그래서 사람들에게 이야기할 때는 정보를 주는 것이 아니라 관심을 끌어서 더 많이 알고 싶어 하도록 만들어야 합니다. 어떻게 하면 이것이 가능할 수 있을까요? 여기 사례를 하나 들어서 어떻게 우리가 이 일을 해낼 수 있는지 말씀드리겠습니다.

저의 클라이언트 한 사람이 자신의 앱을 런던올림픽 최고기술경영자CTO에게 설명해야 하는 상황이었습니다. 시간이 얼마나 있냐고 물었더니 "한 시간이 주어졌다."고 했습니다. 저는 클라이언트에게 이렇게 물었습니다.

"CTO의 입장에서 생각해 보십시오. 만약 그들이 당신의 제안을 거절한다면, 어떤 생각에서 거절을 할까요?"

그러자 클라이언트가 웃으면서 대답했습니다.

"CTO의 입장에서는 런던올림픽이 212일 밖에 남지 않았는데, 시간이 너무 없다고 생각할 것 같습니다."

그래서 저는 클라이언트에게 이렇게 제안을 시작해 보라고 권했습니다.

　"런던올림픽이 212일 밖에 남지 않았으니 저에게 10분만 주십시오. 10분 후에도 질문이 있으시다면 질문을 받겠습니다. 그렇지만 10분 뒤에 다른 일을 해야겠다고 생각되신다면 나중에 이메일로 연락해 주십시오."

　스케줄이 바쁜 사람에게는 "단 10분이면 충분합니다."라고 말해야 합니다. 반대로 뭔가를 해봤는데 잘 안 된 경험을 한 사람에게는 "해봤는데 잘 안 되셨죠?"라고 시작하십시오. 예산 부족 문제를 겪고 있는 사람이라면 "이거 예산이 부족할 텐데 라고 생각하고 계시죠?"라고 시작하십시오.

　그 다음에는 '3분'을 제시하면 됩니다.

　"과거에는 잘 안 됐지만 앞으로는 왜 잘 될 것인지 3분 이내에 말씀드리겠습니다."

　"예산이 없으시겠지만 그 예산을 어디서 찾을 수 있는지, 또 앞으로 3개월 이내에 그 돈을 어떻게 절감해 드릴 수 있는지 3분 내에 말씀드리겠습니다."

　우리는 그들로부터 시간이라는 신뢰를 얻어야 합니다. 그들이 우리의 말에 집중하지 못하는 것은 신뢰를 얻지 못했기 때문입니다. 불안은 두 가지로 나타납니다. 만약 우리가 이야기를 하는 데 있어서 시간이 얼마나 걸리는지부터 말하지 않는다면, 그들은 '시간이 얼마나 오래 걸릴까'라는 고민부터 할 것입니다. 그리고 당신의 제안을 귀찮아하거나 또는 빨리 끝

217

나기를 기다릴 것입니다. 바쁜 사람일수록 시간을 빼앗기는 것을 싫어합니다. 따라서 원래 주어진 시간보다 짧은 시간 안에 끝내겠다고 꼭 이야기를 하십시오.

대화할 때 절대로
사용해서는 안 되는 말

지금부터는 진정한 의미의 '텅푸'에 대해 말씀 드리겠습니다. 커뮤니케이션을 할 때 절대로 사용해서는 안 되는 몇 가지 말이 있습니다. 이런 말은 말싸움을 격화시키고 감정을 상하게 하고 문제를 올바르게 해결할 수 없도록 만듭니다. 제가 몇 가지 사례를 들어보겠습니다.

렌터카 회사에 사전에 예약을 했던 여성분이 사무실로 들어와 이렇게 이야기했습니다.

"제 이름은 신디고, 포드 자동차의 선더버드를 예약했습니다."

직원이 그 말을 듣고 "아, 고객님 성함이 여기 있습니다. 그런데 선더버드는 한 대도 안 남았습니다"라고 얘기했습니다.

"몇 주 전에 예약을 했는데 어떻게 없습니까?"

직원은 곤혹스러워했습니다.

"네, 예약은 되어 있었는데…. 하지만 아침에 다른 고객이

가져가셨네요."

"아니, 제가 전화를 해서 예약을 했는데요!"

"아, 직원이 새로 와서 잊어버렸던 모양입니다. 지금은 어쨌든 차가 없네요."

두 사람이 싸울 수밖에 없었던 이유는 바로 '그러나But'이라는 단어 때문입니다. 이와 비슷한 말이 '~했지만'입니다. '이것이 중요하겠지만', '그렇지만', '노력을 했겠지만' … 이 단어를 쓰면서 사람들은 계속해서 싸우게 됩니다. '했어야지Should'라는 단어도 마찬가지입니다. 누군가가 실수를 했을 때, 혹은 무언가 잘못됐을 때 '이렇게 했어야지'라고 얘기합니다. '도움을 요청했어야지', '조심을 했어야지', '몰랐다고 얘기했어야지'라고 이야기를 하죠. 그런데 사실 이런 표현은 아무런 가치가 없습니다. 혹시 이미 일어난 과거의 일을 돌이킬 수 있는 능력을 가진 사람을 본 적이 있습니까? 그렇기 때문에 이제는 '하지만, 그렇지만But' 대신 '그리고And'를 사용해야 합니다.

"그 때 해봤는데, 그리고 잘 안 됐습니다."

"그리고 죄송합니다."

"그리고 책임자에게 연락을 취해서 우리가 할 수 있는 조치가 무엇인지 알아보겠습니다."

이렇게 이야기하는 것이 더 이상의 불필요한 감정 싸움을 멈추는 방법입니다. 또한 '했어야죠Should'라는 말 대신 '다음

번에는Next Time'이라는 말을 사용하는 것이 좋습니다. '늦을 것 같으면 전화를 했어야죠Should'라고 얘기하는 것보다, '5분 늦을 것 같다면 다음부터는 당신이 오는 중이라는 것을 전화로 알려 주세요'라고 얘기하는 편이 좋습니다. '사용법을 몰랐다면 먼저 물어 봤어야죠'라고 얘기하는 것이 아니라 '잘 모르면 다음에는 꼭 물어봐주세요'라고 말하는 것이 맞습니다. '하지만But' 대신 '그리고And'를, '했어야죠Should' 대신 '다음 번에는Next Time'이라는 말을 사용하는 것이 좋습니다.

　직장 상사와 부하 직원 사이에서도 적절한 대화법을 알면 갈등을 줄일 수 있습니다. 실수한 부하 직원에게 '이렇게 했었어야지Should Have to'라고 질책하는 건 문제 해결에 도움이 되지 않습니다. '다음에는 이렇게 했으면 좋겠다'고 말하는 것이 관계를 망치지 않으면서 부하 직원의 성과를 올리는 방법입니다. 반대로 막무가내로 화를 내는 상사에게는 어떻게 대처할지 고민이 될 수도 있습니다. 그럴 때에는 '그 점은 잘못했습니다. 하지만 잘한 점도 있지 않나요?'라고 물어보세요. 그리고 '저를 좀 더 존중해 주는 방식으로 말씀하시면 더 감사하겠습니다'라고 하세요. 그렇게 말하면 상사가 더 화를 낼 것이라고 생각할 수도 있습니다. 하지만 가만히 참고만 있으면 상황은 결코 나아지지 않습니다. 상사라는 이유로 계속 소리를 지르는 이에게는 때로 부드러운 반격이 묘약妙藥이 될 수 있기 때문입니다.

　이제 집에서 활용할 수 있는 텅푸에 대해서 말씀드리겠습니다. 집에서 이런 대화법을 사용할 수 있게 되면, 나아가서 지역 사회, 그리고 국가 차원에서도 이런 대화법이 작동하게 될 것이라고 믿습니다.

우리가 평소에 잘 쓰는 표현 중에 '…할 수 없다. 왜냐하면…(…Can't. Because…)'이라는 말이 있습니다. 지금 회의를 시작할 수 있느냐고 물어올 때 "아니오, 지금은 할 수 없습니다. 왜냐하면 CEO가 아직 도착하지 않았기 때문입니다."라고 답합니다. 미스터 김과 얘기할 수 있느냐고 물어오면 "안 됩니다. 왜냐하면 오늘 그 사람은 컨벤션에 참석하러 갔기 때문입니다."라고 말합니다. 우리가 누군가에게 뭔가를 할 수 없다고 얘기할 때 상대방은 바로 우리를 무엇인가를 할 수 없도록 막는 방해자로 인식합니다. 다음과 같은 말들이 대표적입니다.

"내가 할 수 있는 일이 아무 것도 없습니다. 그것이 정책입니다."

"나는 아무 것도 할 수 없습니다. 나는 의사결정권자가 아닙니다."

우리가 '할 수 없다'는 이야기를 하는 것은 결국 논쟁을 시작한다는 의미이기도 합니다. 이런 표현은 많은 경우에 사람들이 원하는 방식으로 바꾸어 말할 수 있습니다. '… 하자마자 하도록 해주겠습니다', '… 바로 직후에 하도록 해주겠습니다'는 표현으로 바꾸어 사용할 수 있습니다.

예를 들어보겠습니다. 이런 비슷한 주제로 진행했던 한 강연에서 참석자 여성 한 분이 일어나서 자신의 경험담을 이야

221

"가만히 참고만 있으면 상황은 결코 나아지지 않습니다.
상사라는 이유로 계속 소리를 지르는 이에게는
때로 부드러운 반격이 묘약(妙藥)이 될 수 있기 때문입니다."

기해 주었습니다. 그녀는 이렇게 말했습니다.

"저는 혼자서 아이 셋을 기르는 싱글맘입니다. 열 살도 안 된 아이가 셋이나 있어요. 그러니 집에 가면 늘 '안 된다'는 얘기만 하게 됩니다. 아이들이 밖에 나가서 친구와 놀아도 되냐고 물으면 "해야 할 집안일과 심부름을 안 했기 때문에 안 돼."라고 답합니다. "엄마, TV 좀 봐도 돼요?" 하고 물어올 때의 답도 비슷합니다. "숙제를 안 했잖아. 숙제 다 할 때까지 TV를 보면 안 돼. 언제까지 엄마 말을 이렇게 안 들을 거니?"라고 계속 잔소리를 했습니다."

그런데 강연 뒤 이 여성은 아이들을 양육하고 훈계하는 방법을 바꾸었고 그것이 적지 않은 효과가 있었다고 말했습니다. 그녀는 "그래, 친구들과 놀 수 있어. 숙제를 다 하자마자 친구와 놀러 가도록 해"라고 이야기를 했으며 "TV는 보면 안 돼. 왜냐하면 아직 숙제를 다 안 했잖아"라는 말 대신에 "그럼. TV 봐도 되지. 대신 네 방 청소를 마치고 쓰레기를 내다 버리는 일을 마치자마자 TV를 보도록 해."라고 표현을 바꾸었다고 합니다.

또 다른 여성은 이런 이야기를 들려주었습니다.

"어제 밤 학교에서 돌아온 딸이 부엌으로 들어왔어요. 제가 저녁 식사를 만들고 있었는데, 제 허리를 잡고 이렇게 꼭 안아 올리더니, '아, 내가 해냈어! 나 해냈어!'라고 하는 거예요. 고등학교 연극에서 주연을 맡았다며 엄마 달력에다 꼭 표시를 해놓고 공연 첫날 꼭 와야 한다고 얘기를 하더군요. 그런데 달력을 꺼내 놓고 보니 갈 수가 없었어요. 그래서 저는 "엄마가 콘퍼런스가 있어서 수요일에 떠나서 월요일 저녁까지 집에 올 수가 없단다."라고 이야기를 했어요."

그러자 딸은 자신에게 중요한 일이 있을 때마다 엄마가 참여하지 못하는 것에 불만을 터뜨리며 이번만은 예외를 두면 안 되겠냐고 물었습니다. 하지만 그 여성은 이렇게 이야기했다고 합니다.

"그렇다면 미리 얘기를 했었어야지(Should). 그랬다면 엄마가 미리 달력에 표시를 해놨을 것 아니니? 지금은 내가 어떻게 할 수가 없어(Can't). 왜냐하면(Because) 몇 달 전에 이미 일정은 확정된 것이고 엄마 자리를 대신할 수 있는 사람은 없어. 왜냐하면(Because) 엄마처럼 시스템을 잘 알고 있는 사람이 없기 때문이야."

그렇게 말을 했더니 딸이 울면서 문을 닫고 나가버렸다고 합니다. 이후 그녀는 강연을 듣고 다시 딸에게 이렇게 이야기했습니다.

"엄마는 네 공연 개막 첫날 공연장에 갈 수 있으면 좋겠어(Wish). 네가 정말 자랑스럽구나. 정말 그곳에 가서 직접 네가 공연하는 모습을 보고 싶구나. 이번엔 어쩔 수 없다만, 우리가 함께 할 수 있는 방법은 있을 것 같아. 친구에게 부탁해서 공연 동영상을 촬영한 뒤에, 엄마가 월요일에 돌아오면 같이 소파에 앉아서 동영상을 처음부터 끝까지 함께 보면 어떨까. 공연을 함께 보면서 네가 줄곧 엄마에게 그 공연과 네 연기에 대해 설명해 줄 수 있을거야."

그러자 딸의 기분이 다소 풀렸고 더 이상 화를 내지는 않았다고 합니다. 물론 이렇게 얘기를 한다고 해서 상황이 완벽하게 해결되는 것은 아닙니다. 하지만 분명히 차이가 있습니다.

제 친구 한 명이 '텅푸' 트레이너로 인증을 받았습니다. 그 친구는 어린 남동생과 사이가 매우 친밀했습니다. 하지만 건강이 좋지 않았던 남동생은 결국 암 진단을 받았습니다. 제 친구는 동생과 함께 의사를 찾았고 의사는 이렇게 이야기를 했다고 합니다.

"암이 4기까지 진행됐습니다. 제가 해드릴 수 있는 일은 아무 것도 없습니다. 발견이 너무 늦었습니다."

이 이야기를 들은 후 저의 친구는 저에게 의사가 이렇게 이야기했으면 어떨까 하고 말했습니다.

"제가 뭔가 해드릴 수 있는 일이 있으면 좋겠습니다. 온라인상에서 비슷한 어려움을 겪고 있는 사람들이 서로의 고민을 나누는 대체의학 방면의 웹사이트가 있습니다. 이곳에서 한번 상의를 해보시는 것은 어떨까요?"

의사가 최소한 이렇게 환자를 배려하는 성의를 보였다면 말기 암 진단을 받는 사람의 상처도 조금은 달래줄 수 있지 않을까요?

225

상대의 비난을
유머로 이기는 법에 대해

이제 텅푸에 대해 좀 더 깊게 얘기해 봅시다. 여러분을 조롱하거나, 기분 상하게 하는 말을 하는 사람들이 분명히 있을 것입니다. 한번은 제가 하와이 공항에 갔을 때의 일입니다. 공항에서 천천히 움직이는 무빙워크에 올라타고 있었는데, 굉장히 키가 큰 사람이 서 있었습니다. 그런데 사람들이 그 사람을 손가락질하면서 웃고 있었습니다. 저는 그것이 너무 무례한 행동이며 또한 변명의 여지가 없다고 생각했습니다. 그런데 그 키가 큰 사람 가까이 갔더니 사람들이 왜 그렇게 웃고 있는지 알게 되었습니다. 그 사람의 티셔츠에는 큰 글씨로 이렇게 적혀 있었습니다.

"아니오, 저는 농구선수가 아니에요! 그렇다면 당신들은 승마 기수입니까?"

자신이 키가 크다고 농수선수라고 말한다면, 키가 작은 당신들은 승마기수냐는 농담이었습니다.

저는 이 사람을 쫓아갈 수밖에 없었습니다.

"정말 너무 멋있어요! 어떻게 이런 생각을 하셨죠?"

그랬더니 그 사람이 대답했습니다.

"제가 생각한 것이 아니라 제 어머니가 생각해 낸 것입니다."

그리고 그는 자신의 경험담을 들려주었습니다.

"저는 열세 살 때부터 열여섯 살 때까지 매년 키가 1피트

(30.48cm)씩 컸습

니다. 어린 시절에 항상

농구선수냐는 놀림을 당했습니

다. 어머니는 제 말을 듣고는 '그들을 이

길 수 없다면 함께 웃어라'라고 조언하셨습니다.

그래서 제 티셔츠에는 항상 이런 글들이 적혀 있습니다. 제가

제일 좋아하는 티셔츠에는 '제 키는 6피트 13인치(약 216cm)

입니다. 높은 곳의 공기는 꽤 상쾌하네요'라고 적혀 있습니다.

이런 티셔츠를 입을 때마다 키 때문에 언짢은 상황에 빠지는

것이 아니라 늘 즐거운 일들이 생겼습니다."

　우리 자녀들도 어떤 특징 때문에 조롱이나 놀림을 받게 될

수도 있습니다. 제 아들도 고등학교 때 그런 일이 있었습니다.

성姓이 '혼(Horn)'이어서 놀림을 받게 된 것입니다. '혼(Horn)'

과 비슷한 'Horny'라는 단어는 속어로 성적으로 흥분한 상태

를 가리키기 때문에 오해를 살 수 있는 이름입니다. 그래서 아

이에게 말했습니다.

"만약 네가 놀림을 받았을 때 화내는 반응을 보인다는 것을 사람들이 알게 되면 계속해서 너를 놀리려 들 거야. 그러니 놀림 받았을 때 기분 나빠하고 화내기보다 함께 웃어넘길 수 있는 상황을 만들어 보렴."

여러분에게 짧은 예화를 하나 들려드리겠습니다. 사람들이 우리를 괴롭히거나 시험하려고 하는 상황에서 적절한 유머의 사용을 통해서 그것을 극복해 나가는 것에 관한 것입니다.

팻 슈로더Pat Schroeder라는 여성이 있었습니다. 여성으로서 미국의 연방 하원의원에 선출됐던 분입니다. 그런데 의회에 출석한 첫날, 동료 의원인 찰리 윌슨 의원이 보낸 선물이 책상 위에 도착해 있었습니다. 윌슨 의원은 텍사스 출신으로 의회에서도 손꼽히는 장난꾸러기로 유명한 사람이었습니다. 슈로더 의원은 '아, 연방 하원의원 윌슨 씨가 환영 선물을 주다니 이것 참 감격스러운데' 하고 생각했습니다. 그리고 선물상자를 열어봤더니 묘비 사진이 한 장 덩그러니 들어 있었습니다. 그 사진 속 묘비엔 '누구누구 씨의 부인, 여기에 잠들다'라고 쓰여 있었습니다. 거기에는 본인이 아닌, 남편의 이름만 쓰여 있었습니다. 그 아래에는 '우리 텍사스 여자들은 묘비에 자기 이름도 새길 수 없지요'라고 쓰여 있었습니다. 팻 슈로더 의원이 '여성'이라는 점을 놀린 것입니다.

슈로더 의원은 화가 머리끝까지 치밀었습니다. 의원회관 복도를 쿵쾅쿵쾅 걸어 내려가서 윌슨 의원의 방문을 활짝 열었습니다. 윌슨 의원은 텍사스 출신답게 카우보이 부츠를 신은 발을 책상 위에 올려놓은 채 비스듬하게 앉아서 슈로더 의원을 보더니, "안녕, 베이비케이크Babycakes?"라고 아무렇지도 않은 듯 인사를 했습니다. 그 순간 슈로더 의원은 생각했습니다. 자기가 무슨 말을 하던 간에 그 말이 앞으로 두 사람의 관계를 규정짓게 되리라는 것을 깨달았습니다. 슈로더 의원은 어떻게 되받았을까요?

"베이비케이크가 아니라, 베이비케이크 하원의원님입니다."

월슨 의원도 웃음을 터뜨렸고 슈로더 의원도 웃었습니다. 이후 두 사람은 서로에게 적이 되는 대신 한편이 됐습니다. 화를 내는 것이 아니라 유머를 활용한 것입니다. 이것이 바로 적절한 유머가 가진 힘입니다.

사람들이 당신을 괴롭히는 것은 당신을 시험하고 있는 것입니다. 화를 내고 언짢게 반응하면 그들은 그것을 노리고 당신을 더 괴롭히려 할 수 있습니다. 하지만 유머를 활용한다면 상황을 중립적으로 만들고 적군을 아군으로 만들 수도 있습니다.

방어하지 말고
논제를 바꿔라

TV 시리즈 '매드 맨Mad Men'의 주인공 돈 드레이퍼는 "사람들이 하는 말을 좋아하지 않는다면 대화의 주제를 바꾸라."고 말했습니다. 만약에 어떤 사람이 여러분들에 대해 공평하지 않고, 불친절하고, 불확실한 거짓을 말한다면 어떻게 해야 할까요. 우선 절대로 부인해서는 안 됩니다. 사람들에게 '겁쟁이'라고 놀림 받은 대통령이 있었습니다. 만약 그가 "나는 겁쟁이가 아니야!"라고 한다면 어떻게 됐을까요. 여성들이 "여자들은 너무 감정적이야!"라는 말을 들었을 때 "우리는 감정적이지 않아!"라고 한다면 결과적으로는 감정적인 것으로 되어버리지 않습니까? "너는 사기꾼이야!"라는 말을 들었을 때 "나는 사기꾼이 아니야."라고 말한다면 결국은 그들의 말에 논쟁을 거는 것처럼 되어버립니다. 이런 말을 하는 사람들도 만나게 될 것입니다.

"너희는 시민들에 대해 전혀 신경을 쓰지 않아."

"너는 지금 네가 무슨 말을 하는지도 모르고 있어."

"시장 상황에 비해 가격이 너무 높아."

이런 말을 들을 때 거기에 대해서 스스로를 방어하려고 하지 마십시오. 당신이 방어하려고 하는 순간, 그들이 거짓을 사실로 증명할 수 있는 논쟁의 장을 열어주는 것밖에 되지 않습니다. 그것보다는 다음의 말을 사용해보세요.

"무슨 말씀을 하는 건가요?(What do you mean?)"

"왜 그런 말을 하죠?(Why do you say that?)"

"왜 그런 생각을 하게 됐죠?(What makes you think that?)"

이렇게 묻는다면 상대방은 "지난 번 회의 갔을 때 이러이러한 이야기가 나왔었고…" 하면서 설명을 할 수밖에 없게 됩니다.

"왜 그렇게 생각합니까?", "왜 그런 말을 합니까?"라고 묻게 되면 상대방은 구체적으로 설명을 하게 되고, 그 순간 당신은 상대방이 진짜로 문제 삼으려고 하는 것이 무엇인지 알아챌 수 있게 됩니다. 그러면 여러분도 감정적으로 대응하는 것이 아니라 그 상대방이 내놓는 구체적인 내용에 관해 대응을 하면 되는 것입니다.

유명한 미국의 코미디 토크쇼 '새터데이 나이트 라이브 Saturday Night Live'에 출연하는 에이미 폴러Amy Poehler라는 사람이 있습니다. 최근에 그녀에게 한 기자가 이런 질문을 했습니다.

"명령조로 얘기하는 '보스형 여성'(Bossy Woman : 자신을 알파걸이며 여왕벌이라고 생각하는 여성을 폄하해 일컫는 속어) 밑에서 일해본 적이 있나요?"

폴러는 자신을 '보스형 여성'이라고 부르는 것에 대해 언짢게 여기거나 논쟁을 하려고 드는 대신 이렇게 말했습니다.

"저는 그런 사람을 굉장히 좋아합니다. 그런 여성 상사를 좋아해요. 굉장히 에너지가 넘치고 꼭 무언가를 성취하기 때문이지요."

기자의 질문에 대해서 긍정적으로 대화의 기조를 바꿔 답변했고 그녀는 기자와의 논쟁에서 벗어날 수 있었습니다.

한번은 제가 어떤 이야기를 듣고 눈물을 흘린 적이 있습니다. 그랬더니 어떤 사람이 저에게 "아, 예상 외로 감정적이시네요."라고 말했습니다. 그래서 저는 "감사합니다!"라고 답했

231

습니다. 사실 저는 어릴 때 절대 울지 않는 소녀였습니다. 예전엔 영화를 볼 때도 이성적으로만 생각하고 대처했던 사람입니다. 모든 일에 이성적이고 논리적인 결정을 내리는 사람이었습니다. 영화를 보다가 눈물을 흘리는 것 같은 일은 없었습니다. 그러다 아들을 낳았고, 그때야 나 스스로도 감정적일 수 있다는 것을 알게 됐습니다. 또한 감정적이 될 수 있다는 것, 감정이라는 것 자체가 얼마나 커다란 선물인가를 깨닫게 됐습니다. 그래서 누군가가 저에게 감정적이라고 말했을 때 감사하다고 답할 수 있었습니다. 누군가가 당신을 향해 감정적이라고 말하거나, 혹은 당신이 화를 낼 만한 이야기를 할 수 있습니다. 그럴 때 논쟁을 벌이는 대신에 그 말에 동의하고 감사를 해보면 어떨까요.

이제 텅푸에 관한 아홉 번 째 팁입니다. 마윈 회장님이 기조연설을 할 때 저는 정말 깊은 감명을 받았습니다. 그는 이런 이야기를 했습니다.

"나는 스스로를 행복하게 만들기 위해 노력했습니다. 왜냐하면 내가 행복하지 않으면 동료들도 행복하지 않고, 주주들도 행복하지 않고, 고객들도 행복하지 않을 것이기 때문입니다."

그런데 당신이 독을 뿜어내는 최악의 사람을 다뤄야 한다면 어떻게 해야 할까요? 나를 행복하지 않게 만드는 사람이 팀원이나 이사회의 일원으로 있다면, 나를 언짢게 하는 사람과 함께 일하고 있다면 어떻게 해야 할까요? 나를 화나게 만드는 사람과 함께하고 있다면, 늘 부정적인 말만 하고 훼방만

233

놓는 이 사람 때문에 계속해서 화가 나고 방해를 받는다면 어떻게 해야 할까요?

텅푸 워크숍을 하면서 슬라이드 한 장을 띄웠던 적이 있습니다. 미국 루스벨트 대통령의 부인이었던 엘리너 루스벨트가 했던 말입니다.

"그 누구도 당신의 동의 없이 당신에게 열등감을 느끼도록 할 수는 없습니다."

여기에서 저는 '열등감을 느끼도록'이라는 말은 '불행하게' 혹은 '화가 나도록'이라는 말로 바꿔 보여줬습니다. 그때 한 여성이 질문을 했습니다.

"샘, 당신이 우리 병원에서 일을 안 해봐서 그래요. 우리 병원에 외과의사가 한 명 있는데 제가 만나본 인간 중 최악입니다. 외과의사로서는 훌륭한 사람이에요. 하지만 사람을 다룰 줄 몰라요. 제가 정말 1초도 안 되게 수술 시간에 늦었는데 사람들 앞에서 망신을 줬어요. 직원들 앞에서 개망신을 줬다고요. 정말 수술실에 그대로 들어가야 할지 아니면 나와 버려야 할지 고민할 정도였습니다."

그녀는 퇴근하면서 그 의사가 했던 말들을 생각하면서 너무 화가 나서 집에 가서 식탁에 앉아 남편에게 이야기를 했다고 합니다. "그 의사 때문에 너무 화가 나."라고요. 남편은 전에도 아내가 그 의사에 관해 불평하는 걸 들었던 적이 있었습니다. 그때 남편과 그녀 사이에는 이런 대화가 오갔습니다.

"지금 몇 시야?"

"저녁 7시요."

"수술은 몇 시였지?"

"아침 9시였죠."

"당신은 지금, 정말로 그 의사 때문에 화가 난 거야?"

남편은 그렇게 되묻더니 식탁에서 조용히 일어나 자리를 떴습니다. 그녀는 혼자 식탁에 남아서 생각했습니다. 그리고 자신이 의사 때문에 화가 난 것이 아니라는 것을 알게 됐습니다. 의사는 여기에 없는데 혼자서 계속 화를 내고 있었던 것입니다. '아, 여기에 없는 의사를 차 안으로도 끌어들이고, 오늘 저녁 남편과 마주 앉은 이 식탁까지도 끌어들인 거구나.' 그리고 그녀는 그 자리에서 결심했다고 합니다. '다시는 그 의사에게 내 집 저녁 식탁 자리를 내주지도 않고, 내 머리에 들이지도 않겠다'고 말입니다. 그 뒤 집에 올 때는 그 의사를 병원에 두고 퇴근을 했고, 절대로 자신과 자신의 개인적 삶을 오염시킬 힘을 그 의사에게 주지 않겠다고 결정했다고 말했습니다.

자, 여러분은 지금 누구를 당신의 차에 태우고 있습니까? 누구를 당신의 집까지 끌고 들어가십니까? 누구를 당신의 식탁까지 데리고 가십니까? 누구를 당신 개인의 삶을 오염시키도록 내버려두고 계십니까? 그렇게 해서 누구를 여러분들의 남편, 아내, 자녀와의 관계를 망치도록 놔두고 있습니까?

마윈 회장은 '우리의 행복은 우리 스스로가 책임져야 합니다'라고 말했습니다. 이것이야말로 리더의 전제 조건입니다. 왜냐하면 우리 모두는 언젠가는 이런 사람들을 만납니다. 우리를 화나게 하는 사람들을 만나고, 또 정직하지 않은 사람들을 만날 것입니다. 그런데 이 사람들이 우리의 마음을 온통 사로잡도록 내버려두게 되면 나 자신은 물론이고 내가 사랑하는 사람들까지도 영향을 받게 됩니다.

그렇다면 어떻게 이런 사람들을 그냥 두고 퇴근할 수 있을까요? 너무 화가 나서 계속 생각이 나는 걸 어떻게 하냐고요? 이런 경우에 대해 드릴 말씀이 있습니다. 저는 『컨젠트레이트 ConZentrate』라는 제목의 책을 낸 적이 있습니다. 언짢은 일을 겪고 언짢은 사람을 만났을 때 우리는 계속해서 생각을 하게 됩니다. '그 일을 생각하지 말아야지, 그 사람을 생각하지 말아야지'라고 말입니다. 하지만 그렇게 하는 것 자체가 언짢은 사람과 상황에 종속되는 것입니다. 우리의 관심을 다른 것으로 바꿔야 합니다. 우리가 할 수 있는 것은 생각하는 것 자체를 그만두는 것이 아니라, 다른 생각으로 채워서 그 사람 혹은 그 일에 대한 생각을 몰아내는 것입니다.

그렇기 때문에 저는 달력을 추천합니다. 달력에 그날의 감사한 일을 적는 것입니다. 예를 들어 조깅을 오랜 시간 했다든지, 시험에서 100점을 맞았다든지, 누군가에게 감사 인사를 받은 것, 혹은 선물을 받은 것을 적는 것입니다. 그리고 과거의 기분 나빴던 기억이 다시 떠오르게 되면 그 달력을 보는 것입니다. 그렇게 하면 그 사람에 대한 생각이 사라지게 됩니다. 왜냐하면 우리의 관심은 우리의 눈이 보는 쪽으로 쏠리게 마련이기 때문입니다.

236

이 달력을 보면서 우리는 감사할 일들을 기억하게 됩니다. 머리로 감사할 일을 생각하면 잘 되지 않을 수 있습니다. 따라서 글로 써두는 것이 최고의 방법입니다.

우리의 눈과 마음이 집중할 수 있도록 달력에 직접 적어 놓으면 이러한 감사의 목록을 통해 싫은 사람을 머릿속에서 몰아내고 행복해질 수 있습니다.

THE
INTRIGUE
AGENCY

샘 혼 커뮤니케이션 전문가, 베스트셀러 『적을 만들지 않는 대화법』 저자 인트리그 에이전시 대표를 맡고 있으며, 비즈니스 커뮤니케이션 분야에서 '호기심 전문가(Intrigue Expert)'로 통한다. 그는 지난 20여 년 동안 인텔, 미항공우주국(NASA), 보잉, KPMG, 영국항공과 같은 기업고객을 대상으로 의사소통 전략가로 활동하고 있으며, 테리 존스(트래블로시티 창업자), 찰리 펠러린(NASA 허블우주망원경 프로젝트매니저), 벳시 마이어스(미 백악관 여성정책실장)를 비롯해 수천 명의 기업인과 경영진을 대상으로 프리젠테이션 연설 코치로 활약했다. 또한 국제플랫폼협회가 주관하는 콘퍼런스와 미국 'INC5000' 콘퍼런스에서 가장 인기 있는 연사에 선정되기도 했다. 저서로는 『적을 만들지 않는 대화법(Tongue Fu!)』 『함부로 말하는 사람과 대화하는 법(Take the Bully by the Horns)』 『집중력, 마법을 부리다(ConZentrate)』 『설득의 언어, 엘리베이터 스피치 POP(Stand Out in Any Crowd)』 『자신감, 내 인생을 바꿀 두 번째 기회 (What's Holding You Back?)』 등이 있다.

237

관계 회복의 '텅푸'

상대방이 나에게
부정적인 인식을
가지게 되었을 때

Q 어떤 사람을 처음 만났는데 나에 대해 부정적인 첫인상을 가지게 된 상황에 대해 묻고 싶습니다. 그 사람이 나에 대한 부정적인 인상을 갖게 된 것은 내가 가진 수많은 요소들 중에 부정적인 요소들을 봤기 때문일 것입니다. 그 사람과의 관계를 회복하는 데 있어서 효율적인 대화 방법이나 행동 방식에 대해 설명을 듣고 싶습니다.

'새롭게 시작하자'는
제안이 필요합니다

A 샘 혼 예를 하나 들고 나서 실전 테크닉을 소개해 드리도록 하겠습니다. 제 아들 앤드류가 다섯 살 때 몬테소리를 다니고 있었는데, 한번은 곤란한 상황에 처한 적이 있었습니다. 벽에 낙서를 해서 혼이 날 상황이었습니다. 그때 선생님을 쳐다보면서 이렇게 이야기했다고 합니다.

"새로 시작해 볼까요?(Fresh Start?)"

제 생각에는 우리가 누군가와 처음으로 만났는데 첫인상이 좋지 않고 시작이 좋지 않았다면, 저는 이렇게 얘기합니다.

"이런 말을 하지 않았으면 좋았을 텐데, 좀 더 잘 시작했으면 좋았을 텐데요. 지금부터 상황을 좀 더 다르게 가져가죠."

그런 말을 하고 싶을 때는 "다시 시작해 볼까요?(Fresh Start?)"라고 말을 하면 됩니다. 왜냐하면 그런 사람들은 다시 기회를 주는 경우가 많습니다. 그런 경우에는 향후에는 뭔가가 좀 달라질 수 있다는 것을 알려줘야 합니다. 저는 그것이 가장 좋은 방법이라고 생각합니다.

**관계를
포기한 적이
있습니까?**

Q 저 같은 경우는 아무리 친절하게 대해도 관계가 개선이 되지 않는 경우가 있었습니다. 그 사람의 어린 시절이나 심리적인 문제라고 생각합니다. 그래서 결국에는 관계를 포기하고 만 적도 있습니다. 샘 혼 씨 역시 아무리 해도 개선되지 않아서 관계를 포기한 적이 있습니까?

**우리가 노력해도
변하지 않는 사람이
있습니다**

A **샘 혼** 저는 『왕따 당한다면 뿔로 받아버려라(Take The Bylly By The Horns)』라는 책을 쓴 적이 있습니다. 저 역시도 그러한 관계를 포기한 적이 있었기 때문입니다. 왕따라는 것은 누군가를 따돌리는 습관적인 행동의 패턴입니다. 제가 하고 있는 이 강연은 우리가 누군가를 친절하게 대하면 그 사람도 저에게 친절을 베풀 것이라는 전제 조건 하에서 이뤄지는 것입니다. 그런데 따돌림을 하는 사람들, 우리에게 폭행을 가하는 사람들은 우리가 어떻게 하더라도 우리를 존중해 주고 친절하게 대해주지 않을 사람들입니다. 그러니 우리가 최선을 다해서 친절을 베풀고 존중을 얻기 위해서 노력을 하더라도 아무런 효과가 없습니다. 그러면 그 관계는 끊어버리는 게 좋습니다. 우리가 아무리 노력하더라도 변하지 않는 사람도 있습니다.

직장에서는 어떻게 할까요. 학생이라면 더 이상 관계를 맺지 않으면 되지만 직장은 상황이 다릅니다. 어떤 일을 당하고 있는지 문서로 기록을 남기십시오. 문서로 기록을 남기지 않는다면 여러분의 상관과 CEO는 아무 것도 할 수가 없습니다. 당신의 불만은 그저 단순한 하나의 의견으로 치부되기 십상입니다.

"그 사람이 이런 말을 했어요."라고 말하게 되면 여러분 개인의 의견밖에 되지 않습니다. 그렇기 때문에 무슨 말을 언제 어떻게 했고, 어떤 사람이 이것을 증인으로서 뒷받침해 줄 수 있고, 그 사람의 행동이 회사에 어떤 위해를 가했는가를 적으십시오. 그 사람의 행태 때문에 고객을 잃게 되거나, 아니면 다른 사람들이 일하는 데 방해를 받거나, 아니면 사기가 떨어지게 되는 등의 부정적인 영향에 대해서도 꼭 기록을 하십시오. 그러면 여러분 혼자의 이야기가 아니라 다른 사람 모두의 이야기가 되고, 관리자도 경청하게 됩니다.

"사람들이 당신을 괴롭히는 것은
당신을 시험하고 있는 것입니다.
하지만 유머를 활용한다면
상황을 중립적으로 만들고
적군을 아군으로 만들 수도 있습니다."

Ma Yun

Molly Turner

Rupert Hoogewerf

Gan Jie

Gilles Ste-Croix

C.B. Cebulski

Jason Merkoski

Dan Lejerskar

Peter Hartz

Lee Ki-Kweon

Michelle Mone

Jean Lydon-Rodgers

Debbie Wosskow

Sam Horn

Nicholas LaRusso

Barbara Spurrier

Kim Jae Hak

보건 및 의료 분야의 혁신은 곧 생명에 대한 혁신이라고 할 수 있다. 더불어 실수와 실패가 쉽게 용납되지 않는 아주 중요한 혁신이기도 하다. 단순히 매출이 떨어지는 것에 그치는 것이 아니라 사람의 생명과 직결되어 있기 때문이다. 그런 점에서 의료 분야의 혁신은 매우 신중하면서도 전략적으로 진행되는 경향을 보인다. 미국 메이요 클리닉은 이 분야에서는 가히 '세계 1위의 혁신 의료기관'이라 칭해도 무리가 없다. 그들은 과연 혁신이라는 것을 어떤 의미로 정의하고 있으며, 어떤 방법론적 모델을 가지고 있을까? 메이요 클리닉의 혁신 사례를 통해 미래의 변화를 앞서 짚어보자.

6

혁신은 무엇이
되어야 하는가?

무엇이 미래의
의료 환경을 바꾸고 있는가?

먼저 저희를 잘 모르시는 분들을 위해
메이요 클리닉을 소개하고 더불어 미국 전체 의학 분야에서
어떤 혁신이 이루어지고 있는지 말씀 드리겠습니다. 저희 메
이요 클리닉의 전략적인 목표는 '환자'입니다. 이것은 '환자의
욕구가 먼저다'라는 의미입니다. 이를 위해 저희는 통합적인
의료와 교육과 연구를 통해서 모든 환자에게 가장 적절한 치
료를 제공하고 있습니다. 저희는 또한 그 어디에서도 경험할
수 없는 '색다르고 독특한 경험'을 제공하고자 합니다. 다시
말해서 그 어떤 기관보다도 훌륭한 의료 서비스를 제공하는
것을 목표로 하고 있습니다. 이것이 바로 저희의 비전입니다.
이와 관련한 핵심적인 비즈니스라고 한다면 여러 통합된 지식
을 서로 생성하고 연결하고 적용함으로써 가장 최선의 의학
서비스와 의학 정보를 제공하는 것이며, 바로 이것이 메이요
클리닉의 임무이기도 합니다.

저희는 비영리기관이기 때문에 만약에 수익이 발생하는 경
우 그 수익의 전체를 메이요 클리닉에 다시 투자합니다. 저희

니컬러스 라루소

메이요 클리닉에서 일하는 의사들은 월급을 받고 있습니다. 그래서 어떠한 수술을 하든, 어느 정도 시간을 들여 환자를 보든 그 돈이 달라지지 않습니다. 저희 합의기관은 의사결정 제도를 가지고 있고 의사들이 리더 역할을 할 수 있습니다. 미국의 다른 종합병원과는 다른 모습입니다. 또한 리더로 활동하는 분들의 경우에는 특정한 임기가 있습니다. 따라서 그 다음에 다른 분들로 교체되면서 계속 새로운 아이디어들이 유입될 수 있습니다.

저희는 크게 미네소타, 아리조나 그리고 플로리다 주에서 활동을 하고 있는데 최근 3개 주를 더 확장했습니다. 또 총 5개의 학교를 운영하고 있는데, 그 안에 메이요 의대도 있습니다. 저희 병원을 찾는 환자들은 전 세계 135개국에 있으며 약 130만 명의 환자들이 방문하고 있습니다. 기업의 가치 측면에서 보자면 약 94억 달러 정도입니다. 이러한 전반적인 메이요 클리닉에 대한 소개는 저희가 하고 있는 혁신이 어떤 것인지에 대한 이해를 좀 더 빠르게 해줄 수 있을 것입니다.

새로운 시대의 의료

현재 한국을 비롯해 전 세계의 의료 환경이 변하고 있습니다. 가장 중요한 것 중의 하나는 바로 인구학적 변화가 일어나고 있는 것입니다. 그중에서도 눈에 띄는 것은 바로 고령화와

"주변에 있는 다양한 방법론을 차용하고 변화시키고
현실에 맞게 적용시키는 이러한 방법이
메이요 클리닉이 추구하는 혁신 중 하나입니다."

비만입니다. 이러한 변화들은 의료 환경 자체의 변화를 요구하고 있습니다. 특히 비만의 경우 '21세기의 담배'라고 불릴 정도로 건강상 치명적인 문제를 야기하고 있습니다. 두 번째로는 '시장의 힘'과 '경쟁의 문제'입니다. 거의 3조 달러 정도의 비용이 의료 보건 분야에서 지출이 되고 있으며 여기에는 수많은 기술 조직들, 그리고 소재 조직들까지 연결되어 있습니다.

그 다음으로는 정부의 주도 아래 이뤄지는 새로운 의료적 목표입니다. 대표적인 것이 바로 여러분들이 알고 있는 '오바마 케어'라는 것입니다. 이 시스템은 몇 년 전 미국에서 도입하였습니다. 이에 따라 미국의 의료 서비스 제공 체계 자체가 근본적으로 변화하게 되었습니다. '모든 미국 시민들이 의료보험 보장을 받을 수 있다'는 오바마 케어는 미국 의료시장을 크게 바꾸었다고 해도 과언이 아닙니다.

다음으로는 기술 발전이 빠르게 이루어지고 있다는 사실입니다. 기술이 발전함에 따라 많은 사람들이 의료 정보에 더 쉽게 접근할 수 있게 되었고 또한 서로 다른 전문 분야에 대한 협업이 가능해지게 되었습니다.

마지막으로 소비자 측면에서의 요소가 있습니다. 이제 의료 소비자들, 즉 환자들이 인터넷을 활용하고 있기 때문에 진료 기록에 대한 접근권을 요구하고 있으며, 이 외에도 여러 가지 정보를 확보할 수 있게 되었습니다. 지금 언급한 여러 가지 변화의 요인들이 바로 오늘날 의료인들이 대처해야할 필요가 있는 것들입니다.

저희는 이러한 환경 변화에 대해 독자적인 방식으로 '혁신'이라는 것을 재정의할 필요가 있었습니다. 1931년에 찰스 메이요 박사는 이렇게 이야기했습니다.

"변하지 않는 것은 변화가 있다는 사실뿐이다."

저희 동료 중의 한 명인 레리 켈리이시는 '혁신은 원칙에 근거한 프로세스다'라고 정의한 바 있습니다. 이는 혁신이라는 것이 단순히 어떤 창의적인 활동을 하는 것뿐만 아니라, 원칙에 근거해서 잘 관리된 방식으로 진행을 하는 것이라는 의미입니다.

여기에서 알 수 있듯이 혁신이란, 기존의 길에서 벗어나는 창의적인 행위를 독려하는 개념을 넘어섭니다. 그것은 바로 우리 자신들이 할 수 있는 역량에 집중하는 것이고, 우리가 가진 자원의 측면에서 접근해야 한다는 것을 의미합니다.

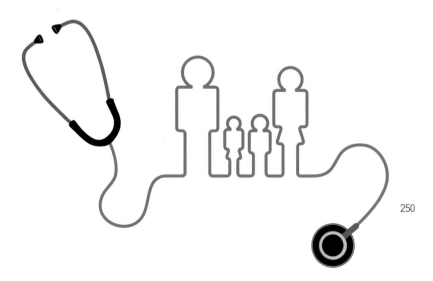

저희가 지난 10년 동안 해온 혁신은 바로 '퓨전'이라고 불리는 것입니다. 주변에 있는 다양한 방법론을 차용하고 변화시키고 현실에 맞게 적용시키는 이러한 방법은 바로 메이요 클리닉이 추구하고 있는 혁신의 한 방법입니다.

니컬러스 라루소 메이요 클리닉 교수

니컬러스 라루소 박사는 메이요 클리닉의 내과 교수이다. 메이요 클리닉 내 '혁신센터'와 '커넥티드 케어센터(C3)'에서 메디컬디렉터를 역임했다. 메이요재단이 꼽은 우수연구자(Distinguished Investigator)인 그는, 이 병원에서 내과 부연구원장과 소화기내과 과장 및 내과 총괄을 역임했다. 내과 총괄 재임 당시인 2005년 라루소 교수는 혁신적인 의료 서비스 제공의 일환으로 'SPARC 혁신 프로그램'을 출범시켰고, 2008년 '혁신센터'를 설립했다. 그는 현재 미국 임상연구협회 및 미국 의사협회의 회원으로 활동 중이며, GASTROENTEROLOGY(소화기내과 저널) 편집장, 미국 간질환연구협회 회장, 미국 소화기내과협회 회장을 맡고 있다.

혁신의 배경은 '항상 고객 곁에서'라는
사고의 플랫폼

저희는 7년 전에 '혁신'이라는 것에 대해 더 많은 관심을 갖기 시작했고 거기에 발맞춰 혁신센터의 문을 열었습니다. 이를 통해 우리는, 우리의 사명을 더욱 구체화할 필요가 있었기 때문입니다. 그것은 바로 'IT를 통해 환자의 경험을 탈바꿈하라'는 것입니다. 저를 비롯한 모든 메이요의 의료진들은 환자들이 더 나은 삶을 누리는 것을 넘어 큰 전환을 이루고자 노력하고 있습니다. 즉, 모두가 더 건강한 삶을 누리고자 하는 방법을 모색하고 있었습니다. 그리고 이러한 노력들이 이제는 어느 정도 성과를 거두었다고 생각하고 있습니다.

혁신이라는 것은 여러 가지로 구성되어 있습니다. 실제로 많은 정의가 있고, 그것을 바라보는 측면도 다양합니다. 하지만 저희들은 혁신과 그 사례들을 전파하고 확산시키는 것, 그리고 이것이 다른 보건 분야에도 적용되도록 하는 것이 혁신의 정의에 포함되어야 한다고 생각합니다. 따라서 어떤 혁신 사례가 있다면 이를 전 세계에 전파하는 것이 필요합니다.

그래서 실질적인 영향력이 있는 것이 아니라면 우리는 그것을 혁신이라고 부르지 않습니다. 그것들이 현실의 고객과 환자들에게 '어떤 변화를 일으켰는가'가 제일 중요하기 때문입니다.

또한 저희는 혁신의 진행 과정에서 다음 세 가지의 교집합을 무척 중요하게 생각합니다. 우선 민간 차원에서는 고객들과 환자들의 필요성이 무엇인지 파악하는 것이 매우 중요합니다. 두 번째는 기술적으로 실현 가능한 것이 무엇인지도 살펴봐야 합니다. 여러 산업계에서 개발되고 있는 기술 가운데에서 실제 의료 현장에서 활용 가능한 기술이 무엇인지를 알아야 한다는 의미입니다. 더불어 이것의 성공 가능성을 비즈니스 차원에서도 생각해 봐야 합니다. 이 세 가지는 고객의 욕구와 그것이 실현가능한 배경, 그리고 그 모든 총합으로서 비즈니스로의 승화를 의미합니다. 이 중 한 가지, 혹은 두 가지만 이뤄지는 것은 별로 의미가 없습니다. 우리 메이요 클리닉은 바로 이러한 세 가지 주제의 교집합을 기반으로 한 혁신 모델을 완성했습니다.

더 폭넓은 사고의 필요성

저희는 이러한 혁신 모델을 꾸준히 추진하고 더 확장시키기 위해서는 늘 '사고의 전환이 필요하다'는 철학을 가지고 있

습니다. 이를 위해서 다양한 팀을 구성하고 있고, 이들이 사고
의 전환을 주도하고 있습니다.

엔지니어, 프로젝트 매니저, 의사와 간호사들이 참여하고
있으며 모두가 'T자형 인재'가 되기 위해 노력 중입니다. 혁신
리더가 되기 위해서는 스스로 학문과 학문 사이를 교차하면서
혁신가로서 사고할 수 있어야 하고 사고의 폭도 넓어야 합니
다. 더 나아가 창의적인 사고는 물론 그것을 실행할 수 있는
인재를 중요하게 생각해야 합니다.

이러한 사고의 전환이 지속되지 않는다면 언제가 혁신은
정체될 것이고 그것은 더 이상 '혁신'이라고 불리지 못할 것입
니다.

아이데오IDEO의 CEO 팀 브라운은 혁신적인 디자인 씽킹
에 대해서 이렇게 정의했습니다.

바
버
라
스
푸
리
어

"사람들의 필요성이 무엇인지에 대해 파악하고 이것을 상품과 서비스로 전환하여 그들의 삶을 개선하는 것이다"

메이요 클리닉 역시 환자의 니즈를 가장 중요하게 생각하며 상품과 서비스를 마련하는 데 있어서 가장 중요한 원칙으로 삼고 있습니다. 그리고 이러한 과정은 모두 우리가 간직한 핵심 사명 안에서 사고되고 있습니다. '우리는 지금 몇 명의 생명을 대하고 있는가', '얼마나 많은 환자들에게 도움을 주고 있는가'를 파악하고 있으며, 또 재무적인 차원에서 의료 서비스의 가격을 낮추기 위해 무엇을 해야 하는지도 연구하고 있습니다. 더불어 속도도 무척 중요하게 생각합니다. 혁신의 사례들을 최대한 빨리 어떻게 실행하고 확산시키는가, 그리고 제품의 경우에는 얼마나 빨리 준비하느냐 역시 계속 확인하고 있습니다.

그러나 이 모든 혁신 활동의 근본적인 배경에는 '고객 곁에서'라는 플랫폼이 존재하고 있습니다. 무엇을 하든 고객 및 환자들과 함께 생각하고 그들이 필요할 때 우리가 그들의 곁에 있는 것을 우선시합니다. 따라서 환자들의 경험에 대해서 깊이 성찰하고 있습니다. 병원에 오기 전부터 집에 귀가할 때까지 환자가 하는 모든 경험이 개선되기를 바라고 있으며 이것을 어떻게 디지털 생태계에 접목시킬 것인지도 함께 연구하고 있습니다.

또한 원격 진료 등의 의료 서비스를 통해 환자들이 특정 병원이나 기관에 얽매이지 않고 새로운 경험을 할 수 있도록 노력하고 있습니다. 이 역시도 마찬가지로 '항상 고객 곁에서'라는 플랫폼의 위에서 진행되는 것이라고 보면 되겠습니다.

뿐만 아니라 환자들이 병원에 없을 때에도 이것을 관철시키기 위한 새로운 사고의 전환을 추구하고 있습니다. 예를 들어 고령인의 경우에는 보통 요양소로 가야하지만 집에 머물고 싶어 하는 경우가 많습니다. 이런 경우 고령인의 건강을 케어할 수 있는 방법에 대해서도 혁신적인 새로운 구상을 하고 있습니다.

MAYO
CLINIC

바버라 스푸리어 메이요 클리닉 혁신센터장

바버라 스푸리어는 1990년부터 1997년까지 미니애폴리스 소재 재향군인 의료원에서 외래진료과 책임 및 미네소타주 블루밍턴에 위치한 헬스파트너스(HealthPartners)사의 선임 관리자로 근무했다. 이후 로체스터의 메이요 클리닉 혁신센터에 합류하여 류머티스내과, 혈액학과와 심혈관질환과 병원 운영 및 행정 책임자로 재직했으며, 메이요 클리닉 의학부문 학과장(2003~2008)을 역임했다.

2008년 메이요 클리닉에 혁신센터가 개설되면서 센터장에 임명된 그는 의사들과 협업해 혁신센터를 성장시키고, 보건 서비스를 비롯한 메이요 클리닉의 전반적인 혁신 역량을 끌어올렸다. 현재 그는 의료그룹경영협회(MGMA)에서 학술위원회장 및 이사회 임원으로 활약하고 있다. 저서로는 『생각은 크게, 시작은 미미하게, 움직일땐 빠르게: 메이요 클리닉 혁신센터를 사례로 본 혁신의 청사진』이 있다.

서울아산병원 이노베이션디자인센터 소장_김재학

혁신 DNA를 가진 사람들을 통한
작지만 빠른 실천

한국의 선두적인 병원 중 하나인 서울
아산병원이 혁신과 관련해 어떠한 일을 하고 있는지 말씀 드
리겠습니다. 먼저 아산병원은 '소외계층을 도와야 한다'는 고
정주영 회장의 꿈에서부터 시작되었습니다. 현재 저희 병원은
6개의 주 건물에 2,700개의 병상, 외래환자만 10,000명에 수
천 명의 직원이 근무하고 있습니다. 특히 간 이식 건수가 계속
해서 늘고 있습니다. 2013년에는 세계에서 가장 많은 건수의
간 이식 수술을 성공했습니다. 이는 7년 연속으로 세운 기록
이기도 합니다. 그리고 2010년에는 한국의 10개의 병원에서
가장 압도적인 수준으로 암 관련된 수술을 진행한 것으로 파
악이 되었습니다. 그리고 저희는 병원 분야에서는 '가장 존경
받는 기업'으로 9년 연속 선정이 되었으며 이제는 세계로 뻗
어나가는 병원이 되려고 하고 있습니다. 물론 이는 눈부신 성
공이지만, 또 한편으로는 부족한 면도 있습니다. 다시 말해 우
리가 했던 성공의 이면을 들여다보아야 한다는 것입니다.

김
재
학

아산병원이 추진했던
혁신의 방향

한국의 병원에서 벌어지고 있는 '경험'에 대해서 생각을 해 보도록 하겠습니다. 대부분의 간호사들과 의사들은 정말 매일 피곤한 일상을 보내고 있습니다. 그래서 '이건 정말 뭔가가 잘 못되었다'라고 생각하기도 합니다. 반대로 환자들은 병원의 처우에 화도 내고 실망도 많이 합니다. 의료정보는 물론이거니와 의사의 설명도 부족하기 때문입니다. 한 시간 동안 의사를 기다려서 만나는 시간은 3분밖에 되지 않습니다. 또 유명한 의사에게 수술을 받으려면 굉장히 오랫동안 기다려야 하기도 합니다. 도대체 무엇이 문제일까요? 왜 병원에서의 '경험'이라는 것이 이렇게 피곤하고 화나는 것이 되어야만 하는 것일까요?

제 생각에는 의료 서비스의 제공에 있어서 절차의 문제가 있다고 생각합니다. 현재 한국의 의료 수준은 진단과 치료 면에서 상당한 발전이 이뤄졌고 환자들의 기대 수준도 계속 높아지고 있습니다. 그럼에도 불구하고 이 양쪽을 연결해 주는 의료 서비스의 제공 방식에는 큰 변화가 없었던 것이 사실입니다. 또한 서비스 자체가 병원, 즉 공급자 위주로 구성이 되어 있었던 것도 사실입니다. 그렇기 때문에 우리는 의료 서비스 제공 방식이란 측면에서 혁신을 이루기 위해 노력을 하고 있습니다.

아산 병원은 한국의 선두적인 병원으로서 우리가 해야 할 역할은 무엇인가를 고민해야 했고, 또 병원이 혁신을 추진할 때 중요한 가치가 무엇인가를 생각해야 했습니다. 더불어 혁신을 위한 가장 적절한 방법이 무엇인가를 찾아야 했습니다. 이러한 질문에 답을 찾기 위해서 우리는 우리 병원의 설립 정신으로 되돌아가 보았습니다.

1989년, 정주영 회장은 아산 병원을 시작하면서 이렇게 이야기했습니다.

"환자를 아끼는 마음으로, 가족을 대하는 마음으로 이들의 아픔을 치유해 주어야 된다. 따뜻하고 인간적인 병원을 만들어야 된다."

정 회장은 또 이런 화법을 자주 쓰기도 했습니다.

"한 번이라도 시도해 보았는가?"

그래서 저희는 '실패라는 것은 없고 단지 시도와 노력만이 있을 뿐이다. 환자와 의료진을 위해서라도 계속해서 새로운 것에 도전하는 정신을 가져야 한다'라고 결론을 내리고 혁신을 시작했습니다.

저희의 혁신 방향은 기존과는 다른 방법으로 새로운 것을 발견하거나 혹은 기존의 것을 최적화하는 방향입니다. 이를 위해서는 퍼포먼스를 높여야 했고, 따라서 고객만족부서, 혁신디자인센터, 의료서포트센터를 두었습니다. 혁신디자인센터는 새로운 발명과 환자의 경험을 극대화하는 것에 집중해 왔습니다. 그리고 AMIS라는 정보 시스템이 이 모든 것을 지원하고 있습니다. 이 시스템은 전사적인 차원의 혁신 활동을 잘 보여주고 있습니다. 이는 단지 시스템이나 프로세스만을 개선하는 것이 아니라 문화를 바꿔서 병원 자체를 환자 중심으로 바꾸고자 하는 것입니다.

혁신디자인센터는 공감을 바탕으로 '인간 중심의 경험'을 디자인하고자 합니다. 인간 중심이라고 하는 것은 단순히 환자와 환자의 가족들의 경험뿐만이 아니라 의료진들 직원들의 경험까지 최적화하자는 것입니다. 다시 말해서 인간의 존엄성과 인권을 가장 중요한 우선 순위로 둔다는 것입니다.

그런데 병원에서 왜 디자인적인 사고가 필요한 것일까요? 이에 대해서는 「포브스Forbes」에서 아주 흥미로운 기사를 내놓았습니다. 아주 훌륭한 혁신을 이룬 기업들을 조사한 결과, 이런 기업들은 매우 유사한 경영 원칙을 가지고 있었습니다. 그것은 바로 린 스타트업Lean Startup과 디자인적인 사고방식입니다. 디자인적 사고방식은 고객의 니즈를 아주 깊이 이해하는 것이고, 린 스타트업은 그러한 필요를 맞추기 위해서 혁신적인 해결 방법을 내놓는 것을 의미합니다. 그래서 이런 대규모의 조직에서 성공적으로 혁신을 이루기 위해서는 혁신디자인센터의 역할이 무엇인지를 분명하게 정리하는 것이 중요했습니다. 이와 관련해서 제가 언급하고 싶은 것이 바로 '창의적인 자신감'입니다.

IDEO의 창립자이며 스탠포드 스쿨의 크리에이터인 데이비드David와 톰 켈리Tom Kelly 형제는 이런 이야기를 했습니다.

"혁신디자인센터는 공감을 바탕으로
'인간 중심의 경험'을 디자인합니다.
다시 말해서 인간의 존엄성과 인권을
가장 중요한 우선순위로 둔다는 것입니다."

"전 세계를 바꿀 수 있는 역량이 있는가를 놓고 생각해 봤을 때 우리 모두는 이를 위한 창의력을 가지고 있다. 물론 어릴 때는 창의력이 발휘가 되지만 학교 교육을 시작하고 직장에서 일을 하게 되면서 창의력을 상실하게 된다. 그리고 정말로 창의적인 사람이란 바로 '더 많은 시도를 하는 사람'이다. 이것이 전부이다."

결국 우리는 모든 사람들이 창의력이 있다는 것을 전제하고 그들이 그 창의력을 발휘할 수 있도록 도와주어야 했습니다. 또한 무엇인가를 완벽하게 시작하기 보다는 일단 시작하는 것이 중요하다는 생각을 하기도 했습니다. 이렇게 혁신디자인센터는 지난 2년간 작지만 유의미한 결과를 이끌어 낼 수 있었습니다.

첫 번째 사례는 퇴원 환자에 대한 병원 응대 방식에 관한 것입니다. 환자는 퇴원을 한 후 정확히 어떻게 건강 관리를 해야 되는지 모릅니다. 따라서 환자들은 종종 간호사에게 전화를 한다는 사실을 간파했습니다. 하지만 이에 대해서 간호사들은 불만이 많았습니다. 현재 입원해 있는 환자들을 케어하기도 바쁜 상황에서 이미 퇴원한 환자들의 전화를 받느라 시간을 빼앗기기 때문입니다. 이러한 상황을 해결하기 위해 저희는 「퇴원 가이드북」을 제작했습니다. 자주묻는 질문(FAQ)이 들어 있고 또한 일상생활을 어떻게 해야 되는지, 그리고 어떠한 약을 복용해야 하는지 등등을 포함시켰습니다. 그리고 다양한 약 복용 지도를 하게 되었습니다.

예를 들어 식전에 먹어야 하는 약, 혹은 식후에 먹어야 하는 약을 구분 짓고 직관적으로 이해할 수 있도록 제시했습니다. 그렇지만 이런 방법만 가지고는 모든 문제를 해결할 수 없었습니다. 왜냐하면 퇴원 후에 복용해야 되는 약이 너무 많기 때문입니다. 예를 들어 간이나 심장 이식을 받았을 경우에는 하루에 10번 정도 약을 복용해야 됩니다. 이것은 지나치게 많은 횟수임에 틀림없습니다. 따라서 저희는 간호사 및 의사들과의 협력을 통해 복용횟수를 50%로 줄이도록 했습니다. 약의 복용횟수를 줄이면 환자의 안전이 보장되는 것은 물론이고 약효도 더 높일 수 있습니다. 아주 간단한 해결 방법인 것처럼 보이지만 환자 입장에서 본다면 굉장히 큰 혁신이었고 건강을 위한 새로운 돌파구였습니다. 저희가 하는 일은 인간의 생명을 다루는 것이기 때문에 공급자 측면에서 일단 작은 변화가 시작되면 이는 환자의 삶의 질에 큰 영향을 미칠 수 있다는 것을 보여주었습니다.

두 번째 사례는 바로 환자의 수술 전 불안함과 가족들의 걱정을 해소하는 것입니다. 아산병원은 수술을 잘하는 병원으로 알려져 있습니다. 그런데 수술 과정에서 환자와 가족들은 높은 수준의 불안함과 걱정을 경험하게 됩니다. 그래서 저희는 인간의 존엄성이라는 측면에서 이 부분을 분명히, 그리고 시급하게 해소해야 하고 이 부분을 개선해야 환자 경험이 개선될 것이라 판단을 했습니다. 이에 따라 저희는 네 개의 범주에 걸쳐서 개선 방안을 내놓았습니다.

첫 번째 범주는 사람들 사이에 생겨나는 관계의 상호작용입니다. 이 상호작용을 통해서 걱정을 덜어낼 수 있습니다. 예를 들어 환자가 수술을 받기 전에 의사의 상담을 충분히 받을 수 있도록 함으로써 걱정을 덜어주는 것입니다.

두 번째는 좀 더 상세한 수술 정보를 제공하는 것입니다. 또한 어떠한 절차로 수술이 제공이 되는지를 전달하기 위해서 새로운 모바일 웹 사이트를 마련하기도 했습니다. 이렇게 하면 환자나 보호자들은 수술에 대한 두려움과 공포심을 어느 정도 덜 수 있습니다.

세 번째는 프로세스를 개선한 것입니다. 즉, 환자의 수술 대기시간을 관리한다든지, 아니면 휠체어 이동 통로를 개선하는 것이었습니다. 다시 말해서 침상에 누워서 수술실로 가는 것이 아니라 휠체어에 앉아서 갈 수 있도록 했습니다. 마지막으로는 좀 더 안락하고 편안하게 수술 대기 시간을 보낼 수 있게 했습니다. 이렇게 하면 몸과 마음이 쾌적해지면서 긴장상태를 풀 수가 있습니다. 이런 모든 솔루션들은 저희가 프로토타입 Prototype 단계에서부터 디자인을 하고 테스트를 하고 있는 상태입니다.

이미 많은 시장이 공급자 중심에서 고객 중심으로 변화하고 있습니다. 따라서 이제는 새로운 직무 능력이 필요합니다. 특히 한국에서 '인간 중심'은 매우 중요한 사상이기도 합니다. 이는 곧 모든 프로세스와 시스템의 중심에 인간이 있어야 한다는 것을 의미합니다.

266

우리의 최종 목표는 바로 환자와 가족들이 정말로 오고 싶어 하는 병원을 만드는 것이고, 저희가 가진 강점을 더욱 발전시켜 나가는 것입니다.

테레사 수녀는 이런 이야기를 했습니다.

"우리가 모두 훌륭한 일을 할 수 있는 것은 아닙니다. 하지만 우리에게 사랑과 애정이 있다면 작은 일을 해낼 수 있습니다."

환자에 대한 공감과 애정이야말로 모든 것의 근간이라고 생각합니다. 작은 일부터 시작하고 또한 신속하게 해결 방법을 위한 실험을 하는 것이 곧 혁신일 것입니다.

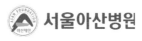

김재학 서울아산병원 이노베이션디자인센터 소장
서울대학교 원자핵공학과에서 학사, 석사, 박사 학위를 취득했으며, 매사추세츠공대(MIT) 슬론 경영대학원에서 MBA 과정을 수료했다. 전략 컨설팅과 금융권에 종사했으며, 딜로이트컨설팅에서 세계적인 제조업체들의 신(新)사업 및 해외사업 전략 개발을 담당했다. 딜로이트안진회계법인 근무 당시에는 'M&A 라이프사이클 센터(M&A Lifecycle Center)'의 일원으로서 다양한 산업에 걸쳐 M&A 전략수립, 기업가치실사, 인수후통합과정에 관련된 프로젝트들을 수행했다. 박사학위 취득 후 공동 설립자로 나선 벤처기업 '미래와 도전(FNC Technology)'은 국내 원자력발전소 컨설팅업을 선도하는 회사로 성장했다.

김
재
학

혁신의 단계적 확산 ▆▆▆▆▆▆▆▆

Q 혁신이 근본적으로 작동하기 위해서는 어떤 사람을 움직여야 하나요? 상층부에 있는 사람인가요, 아니면 실무에서 일을 담당하고 있는 사람들인가요? 완벽한 계획을 수립을 한 다음에 어떻게 다른 사람들을 동원하고 또 그들에게 이것을 하도록 어떻게 동기부여를 했는지 궁금합니다.

A **니컬러스 라루소** 혁신을 실천하는 실무 담당자들을 변화시키는 것은 쉬운 일이 아닙니다. 왜냐하면 어떤 절차를 가지고 이행을 하는 것이 항상 쉬운 것은 아니기 때문입니다. 그래서 저희는 사람들이 이러한 변화의 과정에 참여할 수 있도록 하기 위해서 처음의 설계 단계부터 함께해야 하는 것이 중요하다는 것을 깨달았습니다. 이렇게 하면 그들의 열정과 창의성이 설계 단계에서부터 포함이 될 수 있고, 이는 이후의 혁신 실천의 과정에서 아주 중요한 원동력이 되기 때문입니다. 두 번째로는 어떤 조직에서든지 영향력을 행사하는 중요한 인물들이 존재합니다. 저희들은 많은 경우 이러한 핵심적이고 영향력이 있는 사람들이 혁신 과정에 동참할 수 있도록 했으며 그것이 매우 성공적이었다고 생각합니다.

바버라 스푸리어 저도 첨언을 하겠습니다. 혁신에서는 늘 실행이 관건이고, 그것을 잘 알고 있던 우리들은 바로 그 실행에 많은 집중력을 투입했습니다. 어떤 아이디어를 어떻게 현실화하느냐가 정말로 중요합니다. 그래서 저희는 '작게 시작해서 빠르고 신속하게 움직이자'라는 모토를 가지고 있었습니다. 이런 중요한 아이디

사람들에게
혁신을 동기부여하는
방법은 무엇입니까?

혁신 DNA를 가진
사람들이
작게 시작해야 합니다

어들을 이행하는 데 있어서 우선 혁신의 DNA를 가지고 있는 사람들이 모여서 작게 시작하자는 것입니다. 환자의 니즈를 파악하고 먼저 모범을 보이고 변화를 이끌어 내면서 점점 더 개선의 폭과 깊이를 심화하는 것입니다.

또한 우리 기관이 당면하고 있는 문제가 무엇인지 파악하고 또 혁신을 통해서 이런 문제를 해결을 하고자 한다는 점을 계속해서 알리려고 노력했습니다. 원격 진료를 사례로 들어보겠습니다. 우리는 전통적인 의학을 넘어서는 새로운 의학적 방법들을 모색하기도 했습니다. 그런데 여기에 처음부터 많은 인원이 참여했다면 우리는 실패했을 수도 있습니다. 하지만 우리는 '새로운 것을 시도해 보자'는 생각을 가진 몇몇 사람이 모여서 시작을 했습니다. 연구소에 모인 이들은 다양한 실험을 하면서 여러 가지 접근법을 시도하고 조합하면서 방법을 찾아나갔습니다.

니컬러스 라루소 처음 혁신을 진행할 때에는 기꺼이 변화를 받아들일 수 있는 사람들을 먼저 파악해야 합니다. 기업의 조직의 구성원들 중에서 무언가 변화를 좋아하고 기꺼이 받아들이고 싶어하는 사람들을 먼저 파악을 해서 이들을 참여시켜야 하고 또한 그들로 하여금 소통을 할 수 있도록 해야 합니다. 이메일이든 실제 발표든 다양한 방식을 활용해서 여러분 기관의 모든 구성원들에게 전파를 해야 됩니다. 그리고 이런 사람들이 혁신의 옹호자가 될 수 있게 해야 합니다.

Q 의료 보건 산업은 매우 빠르게 변하고 있습니다. 로봇 의사, 정밀 시술, 유전자 치료와 같은 것이 대표적인 것입니다. 전반적인 의료 보건에서의 미래의 변화는 어떻게 되리라 생각하는지 궁금합니다.

미래에는
의료 보건 분야가
어떻게 변화될까요?

A 바버라 스푸리어 실제로 의료 보건 분야에서는 역사적인 변화가 일어나고 있고 메이요 클리닉도 여기에 기여를 하고 있습니다. 20~30년 후의 미래 모습으로 보기 위해서 한 가지 사례를 말씀 드리겠습니다. 현재 IBM과 메이요 클리닉은 협력을 통해 '왓슨'이라고 하는 인공지능 컴퓨팅을 하고 있습니다. 미래에는 의사들과 왓슨이 서로 협업을 하는 시대가 올 것이라고 생각합니다. 이런 협업의 시대가 오기 위해서는 누가 어떤 역할을 할 것인지가 명확해야 하며, 이러한 기계나 인공지능을 통해 어떠한 것을 할지도 정해져야 합니다. 만약 이런 방향으로 변화가 진행된다면 의료 서비스 전달 체계에 큰 변화가 생길 것이라고 생각됩니다. 이것은 환자에게 우리의 의료 서비스를 전달하는 데 있어서 '혁명'이라고 표현해도 과언이 아닐 것입니다.

인공지능과
협업을 할 수도
있습니다

또 하나 큰 변화의 줄기는 환자들이 병원에 와야 하는 상황에서 어떻게 하면 좀 더 편리해질 수 있을까 하는 것입니다. 이것은

원격 진료와 매우 밀접하게 관련되어 있으며 병원에 오느냐 오지 않느냐의 문제, 지역 사회에서 서비스를 받을 수 있느냐의 문제, 혹은 집에서 치료할 수 있느냐의 문제와 연결이 되어 있습니다. 이 모든 것들을 패키지화해 각 서비스의 복잡성을 제거하고 좀 더 간결하면서도 편리한 서비스를 구상하고 있습니다. 물론 이와 함께 가격의 적정성에 대해서도 반드시 생각을 해봐야할 것입니다.

니컬러스 라루소 저는 모바일 분야에 대해서 말씀 드리겠습니다. 향후 모바일은 보건 분야에서 더욱 큰 역할을 할 것이라 생각됩니다. 또 한 가지, 우리가 앞으로 다뤄야 할 것은 바로 사람의 '행동 방식'에 대한 것입니다. 현재 미국의 많은 환자 그리고 많은 질병이 인간 행동과 관련이 되어 있습니다. 예를 들어 비만은 물론이고 그 외의 질병도 마찬가지로 이 '행동'과 매우 관련이 깊습니다. 따라서 사람들의 행동 방식을 바꿀 수 있도록 유도하는 것이 중요하다고 생각합니다.

과거에는 의사들이 왕진을 하던 때가 있었습니다. 바로 이것이 오늘날의 원격진료가 아닐까 생각합니다. 즉, 의사들이 집에 있는 학생들에게 각종 도구를 활용할 수 있도록 하고, 그것이 진료의 한 형태가 되는 것입니다. 학생들은 이미 의사들과 관계가 구축되어 있기 때문에 화상으로도 편안하게 진료를 받을 수 있는 프로젝트가 이미 진행되고 있습니다. 이것은 할아버지들이 마치 손자와 통화할 때 스카이프를 활용하는 것과 동일합니다. 이와 함께 비즈니스 모델도 바뀌어야 한다고 생각합니다. 미국의 경우에는 'Fee For Service'의 모델입니다. 다시 말해서 더 많은 환자를 보면 볼수록 더 많은 수익이 창출되는 모델입니다. 하지만 앞으로는 환자의 숫자가 중요한 것이 아니라 어떤 가치나 결과에 대한 것으로 바뀔 수도 있습니다. 양적인 숫자가 아니라 퀄리티의 차원에서 비용 지불이 이뤄질 수도 있다는 이야기입니다. 뿐만 아니라 병원의 모습도 지금과는 완전히 달라질 수도 있습니다. 지금의 병원은 환자가 잠깐 머무는 곳입니다. 그런데 앞으로는 병원이 어떤 집이나 사무실의 형태에 가까운 공간이 되는 것을 상상해 볼 수 있습니다. 그곳에서 살고 놀고 일하고 공부하는 그런 공간 말입니다. 이렇게 된다면 좀 더 쉽게 의사들의 케어를 받을 수 있으리라 생각합니다.

3D 프린팅의 의학적 활용

Q 최근 여러 방면에서 3D 프린터가 활용되고 있습니다. 물론 의학 분야도 마찬가지일 것입니다. 그렇다면 메이요 클리닉에서도 이러한 3D 프린팅에 대해 관심이 있으신지 궁금합니다.

메이요 클리닉도
3D 프린팅에
관심이 있습니까?

A 바버라 스푸리어 제가 정확하게 답을 할 수는 없지만, 사실 저희는 많은 3D 프린터를 보유하고 있으며 관련 기술을 관심 있게 지켜보고 있습니다. 실제 3D프린팅 기술은 계속해서 발전해 왔고, 인공관절을 비롯해 다양한 의학적 기술에 활용될 수 있습니다. 저희 혁신센터에서도 초기에 프로토타입 과정을 거쳐서 3D 프린팅을 활용하고 실험하고 있습니다. 앞으로는 더 많은 응용 분야가 나타날 것이라 생각되고, 아주 많은 관심을 받고 있는 기술로써 여러 의학 분야에서 쓰이게 될 것이라고 생각됩니다.

아주 관심 있게
지켜보는 것 중의
하나입니다

다른 국가에서도
화상으로 진료를
받을 수 있습니까?

Q 의사와 환자들이 화상으로도 교류를 할 수 있다는 말씀을 해주셨는데, 다른 국가로 이러한 사업이 확대될 가능성은 없는지 궁금합니다.

기술이 우리를
자유롭게
해줄 것입니다

A **니컬러스 라루소** 일단 기술이라는 것은 이제 거리의 제한을 뛰어넘고 있습니다. 제가 오늘 아침에도 와이프와 페이스타임으로 통화를 했는데, 사실 언어 장벽의 문제만을 제외한다면 전 세계 사람들도 이것을 못할 이유는 전혀 없습니다. 또 미래에는 기술의 발전으로 즉각적인 통역과 번역도 가능할 것이라 생각합니다. 저희가 IBM을 몇 년 전 방문했을 때 영어로 이야기하면 바로 중국어로 다시 통역을 해주는 기계를 봤습니다. 따라서 미래에는 모든 것이 다 가능할 것이라고 생각합니다. 말 그대로 기술이 우리를 자유롭게 만들 것이라 생각합니다.

혁신의 본질

어떻게
'혁신 1위' 타이틀을
놓치지 않았습니까?

Q 메이요 클리닉의 비즈니스 모델이 상당히 혁신적이기 때문에 모방을 하는 경우가 많을 것으로 생각됩니다. 그럼에도 불구하고 계속해서 혁신의 리더가 될 수 있었던 이유가 궁금합니다.

A 바버라 스푸리어 저희는 다른 사람들로부터 계속해서 배우는 것을 매우 중요하게 생각합니다. 저희 혁신센터에는 자문위원회가 있습니다. 8명의 위원들은 모두 각종 산업 분야의 전문가로서 혁신을 어떻게 위치를 시킬 것인가에 대한 조언과 앞으로의 미래 동향과 관련해서도 여러 가지 통찰을 제공해 주고 있습니다. 또한 어떻게 새로운 투자를 해야 하는지에 대한 조언도 해주고 있습니다.

저는 이러한 '공유의 접근법'이 무척 중요하다고 생각합니다. 산업 전반에 걸친 다양한 기술적 통찰을 공유하게 되면 혁신은 더 빠르고 광범위하게 일어날 것이라고 생각합니다. 우리는 당연히 모든 것에 대한 답을 가지고 있지는 않습니다. 따라서 각기 다른 분야의 전문가들이 모여 서로 배우고 투명하게 아이디어를 공유해야 합니다.

또한 저희는 어떻게 하면 계속해서 효과적이면서도 영향력이 있는 기관으로 남을 수 있을 것인가를 고민하고 있습니다. 이를 위해서는 의학계가 아닌 다른 산업과의 협력이 중요하다고 봅니다. 저희 외부 자문 기관들에는 의사들이 없습니다. 그들은 모두 다른 분야에서 일하고 있고, 이 분들과 협력하는 것이 중요하다고 생각하며 많은 투자를 하고 있습니다. 단순히 돈을 투자한다는 것뿐만 아니라 '만약에 혁신센터가 아니었다면 이것은 불가능했을 것이다'라는 평을 듣기 위해 노력하고 있습니다. 저희 혁신센터는 계속해서 그 자체로도 변화하고 진화하고 있습니다. 이러한 노력의 결과 처음 모습과는 달라진 부분이 많이 있습니다. 또한 앞으로도 앞서나가기 위해 계속 노력할 것입니다.

공유, 그것이 바로
혁신의 출발점입니다

혁신에 있어서 IT 전문가들의 역할 ▇▇▇▇

몇 명의 IT 전문가들이 있습니까?

Q IT 혁신과 관련해서 메이요 클리닉이 8천 명의 IT 전문가가 있다고 들었고, 그중에서 10명 정도는 혁신센터에서 일하고 있다고 들었는데 맞습니까?

2,000명의 전문가와 함께 작업을 하고 있습니다

A **바버라 스푸리어** 저희는 많은 IT 전문가들과 함께 일하고 있습니다. 저희 전 직원 중 약 2천 명 정도가 IT 전문가들이라고 볼 수 있습니다. 저희 혁신센터의 경우에는 다섯 명의 IT 전문가가 있습니다. 이들이 저희의 아이디어를 바로 현실에서 만들어 주어 상당한 도움을 받고 있습니다. 예를 들면 회의 도중 스마트폰을 이용해서 아동의 천식이 발생했는지 안 했는지 확인을 할 수 있도록 하는 것이 어떻겠냐는 아이디어가 있었습니다. 그때 IT 전문가들이 바로 프로그램을 만들어 주었고 간호사들과 의사들의 의견을 받아 코딩 작업을 했습니다. 그 이후에는 그것을 저희에게 보여주고 피드백 받을 수 있었습니다. 아이디어가 있을 때 이것을 실현해 줄 수 있는 IT 기술자들을 보유하고 같이 협력을 할 수 있다는 것은 상당히 중요합니다. 이 외에도 환자들과 병원 관계자들이 어떤 기술의 지원이 필요하다고 하면 그들이 프로토타입을 만들고 이것을 구현하는 방식으로 일을 진행하고 있습니다.

275

길이 끝나는 곳에서
길은 다시 시작 된다

　2015년 6회를 맞은 조선일보 아시안리더십콘퍼런스는 세계의 지혜로운 이들을 한 자리에 불러모아 그들의 혜안으로 오늘을 밝히고 내일의 세계를 내다보는 자리였습니다. 현직 정부 수반이 네 분, 전직 정부 수반이 여덟 분 참석했고, 33개 세션 104명 연사들의 강연과 토론을 약 2천 명에 달하는 청중이 지켜보고 또 참여했습니다.

　특히 바쁜 일정 중에도 참석해 빛나는 연설로 지혜를 보태어주신 대한민국 박근혜 대통령과 나렌드라 모디 인도 총리, 반기문 유엔사무총장, 카타르 국왕 모후이신 셰이카 모자 빈 나세르 카타르재단 이사장께 깊은 감사의 마음을 전합니다. 무라야마 도미이치 전 일본 총리, 간 나오토 전 일본 총리, 탁신 친나왓 전 태국 총리, 탕자쉬안 전 중국 국무위원, 척 헤이글 전 미국 국방장관, 호르스트 텔칙 전 독일총리 외교안보보좌관, 페터 하르츠 전 독일노동개혁위원회 위원장, 중국 알리바바 그룹의 마윈 회장께도 감사드립니다.

　매년 별처럼 빛나는 지도자, 석학, 명사들이 주옥같은 통찰력

276

을 아낌없이 나누었지만, 현장에 참석하지 못하는 이들은 조선일보 기사를 통해 전해지는 이야기로만 만족해야 하는 것이 늘 아쉬웠습니다. 특히 올해는 현장에 참석했거나 참석하지 못했던 많은 분이 강연 내용과 실제 강연 영상 등을 더 깊이 있게 경험하고 싶다고 요청해왔습니다. 이 책 『미래를 읽는 리더』는 아시안리더십콘퍼런스의 베스트 콘텐츠를 책을 통해 폭넓게 사회와 공유하려는 첫 시도입니다. 더 많은 분과 소통하고 공감하려는 간절한 마음을 담았습니다.

감사 인사를 드려야 할 분들이 참 많습니다. 아시안리더십콘퍼런스가 연이어 성공적으로 개최되고 올해 처음 책으로 만들어지기까지 아낌없이 지원해주시고 격려해주신 방상훈 조선일보 사장님과 변용식 TV조선 대표, 홍준호 발행인, 김광현 AD본부장, 강효상 미래전략실장(전 편집국장), 김창균 편집국장, 방준호 이사, 김영수 경영기획실장께 먼저 고개 숙여 감사드립니다. 최우석 차장과 이지혜, 변희원, 유마디, 양지호 기자는 막막했던 준비 단계부터 성공적인 마무리까지 2015년 콘퍼런스의 실무 책임자로 사무국에서 혼신의 힘을 다해주었습니다. 한 사람 한 사람 더 힘 있는 연사를 초청하고 설득력 있는 세션을 구성하기 위해 밤을 낮 삼아 뛰고 또 뛰었던 이들의 노력이 아니었다면 성공적 개최도 없었을 것입니다.

누구보다 이 책이 발간되는데 가장 크게 기여한 사람들은 콘퍼런스 전후 현장에서 최고의 기사와 사진을 생산해 최고의 콘텐츠로 만들어낸 편집국 선후배 기자들입니다. 일일이 이름을

277

불러드리지 못하지만, 다시 한 번 깊은 감사의 인사를 전합니다.

또 연사들을 초청하고 성공적으로 콘퍼런스를 개최하는 과정에서 본인들이 가진 인맥과 인연을 동원해 음으로 양으로 힘을 보태준 많은 분이 있습니다. 이 분들께 감사하는 마음을 표현하려면 어떤 말로도 충분치 않을 것입니다. 조선일보 아시안리더십콘퍼런스는 지금까지 그랬듯 앞으로도, 드러나지 않은 곳에서 힘써주신 많은 분들의 도움을 통해 매년 불가능을 가능으로 바꾸는 최고의 콘퍼런스로 자기 혁신을 거듭해 나갈 것입니다.

콘퍼런스 콘텐츠를 처음 책으로 펴내느라 여러모로 쉽지 않은 상황에서도 심혈을 기울여준 알에이치코리아 양원석 사장과 편집진 여러 분께도 감사드립니다.